SÓ MAIS UM ESFORÇO

Vladimir Safatle

SÓ MAIS UM ESFORÇO

Como chegamos até aqui
ou como o país dos "**PACTOS**", das
"**CONCILIAÇÕES**", das "**FRENTES AMPLAS**"
produziu seu **PRÓPRIO COLAPSO**

PREFÁCIO Michael Löwy

Edição atualizada   Coleção **ESPÍRITO DO TEMPO**   **VESTÍGIO**

Copyright © 2022 Vladimir Safatle

Todos os direitos reservados pela Editora Vestígio. Nenhuma parte desta publicação poderá ser reproduzida, seja por meios mecânicos, eletrônicos, seja via cópia xerográfica, sem autorização prévia da Editora.

Todos os esforços foram feitos no sentido de encontrar os detentores dos direitos autorais das obras que constam deste livro. Pedimos desculpas por eventuais omissões involuntárias e nos comprometemos a inserir os devidos créditos e corrigir possíveis falhas em edições subsequentes.

EDITOR RESPONSÁVEL
Arnaud Vin

EDITOR ASSISTENTE
Eduardo Soares

REVISÃO
Bruna Emanuele Fernandes

CAPA
Diogo Droschi (sobre foto de André Coelho/Agência O Globo)

DIAGRAMAÇÃO
Guilherme Fagundes

Dados Internacionais de Catalogação na Publicação (CIP)
Câmara Brasileira do Livro, SP, Brasil

Safatle, Vladimir
 Só mais um esforço : como chegamos até aqui ou como o país dos "pactos", das "conciliações", das "frentes amplas" produziu seu próprio colapso / Vladimir Safatle ; prefácio Michale Löwy. -- 1. ed. -- São Paulo : Vestígio, 2022.

 ISBN 978-65-86551-72-3

 1. Análise (Filosofia) 2. Brasil - História 3. Brasil - Política e governo 4. Democracia - Brasil 5. Direita e esquerda (Política) 6. Filosofia política 7. Políticas - Brasil - História I. Título.

22-101338　　　　　　　　　　　　　　　　　　　　　　　　　　　CDD-320.01

Índices para catálogo sistemático:
1. Filosofia política 320.01
Aline Graziele Benitez - Bibliotecária - CRB-1/3129

A **VESTÍGIO** É UMA EDITORA DO **GRUPO AUTÊNTICA**

São Paulo
Av. Paulista, 2.073 . Conjunto Nacional
Horsa I . Sala 309 . Cerqueira César
01311-940 São Paulo . SP
Tel.: (55 11) 3034 4468

Belo Horizonte
Rua Carlos Turner, 420
Silveira . 31140-520
Belo Horizonte . MG
Tel.: (55 31) 3465 4500

www.editoravestigio.com.br
SAC: atendimentoleitor@grupoautentica.com.br

Franceses, só mais um esforço
Se quiserdes ser republicanos.

Sade

Aos que estão a ponto de emergir.

Nota à edição de 2022	11
Prefácio	17
Michael Löwy	
O último capítulo ou História sucinta da decomposição de um país	21
Um problema de imagem	53
O esgotamento da Nova República	69
O esgotamento do lulismo	95
Junho de 2013 e o esgotamento da esquerda brasileira	115
Para além da melancolia: em direção ao Grau Zero da representação	127
Sobre o autor	141

■ NOTA À EDIÇÃO DE 2022

ESCRITO INICIALMENTE EM 2017, este era um livro de intervenção. Ele foi escrito no momento de colapso do lulismo e de ascensão daquilo que se configuraria, um ano depois, como a transformação do Brasil no laboratório mundial do neoliberalismo autoritário de feições fascistas. Nesse sentido, o livro não fala diretamente dos últimos três anos da história brasileira, embora tenha sido necessário, em certos momentos, trazer alguns elementos desse quadro para melhor articular o diagnóstico que havia sido apresentado em 2017.

De toda forma, se foi o caso de reeditá-lo é por acreditar que muitas de suas análises continuam válidas e podem servir de pressuposto para uma compreensão de dimensões relevantes do cenário que atualmente nos envolve. O tempo demonstrou a profundidade da tese do esgotamento da esquerda brasileira e sua necessidade urgente de reinvenção. Ele demonstrou, também, a profundidade do esgotamento institucional brasileiro e da incapacidade de nosso país em criar algo parecido com uma democracia minimamente efetiva. A luta justa contra a extrema direita no poder apenas reacendeu a tentativa de retomar o mesmo sistema de pactos e alianças que nos afundou e limitou a capacidade de transformação estrutural exigida pela plasticidade revolucionária da sociedade brasileira.

Seria o caso, então, de lembrar como a América Latina, ou ao menos uma parte substantiva do continente, procura caminhar por outra via. A dificuldade em vê-la no Brasil, ao menos até agora, vem principalmente das características de sua esquerda e suas estratégias. Por isso, este livro dedica-se a pensar nossa situação atual a partir das contradições imanentes da esquerda brasileira no poder. Seria possível seguir outro caminho, produzindo uma arqueologia da violência do Estado brasileiro contra setores majoritários da população e mostrando sua resiliência. Mas se escolhi a segunda via é por compreender que a tendência de repetição que explicita os limites da esquerda brasileira é muito maior e mais estrutural do que gostaríamos de acreditar.

Deveríamos, pois, partir da constatação de que 2021 viu um conjunto de insurreições populares na América Latina cuja força vem de articulações inéditas entre recusa radical da ordem econômica neoliberal, sublevações que tensionam, ao mesmo tempo, todos os níveis de violência que compõem nosso tecido social e modelos de organização insurrecional de larga extensão. As imagens de lutas vindas da Colômbia contra a reforma tributária que tem à frente sujeitos trans em afirmação de sua dignidade social, o fato de vermos desempregados a fazer barricadas juntamente com feministas no Chile explicam bem algo que foi descrito, recuperando o preciso termo de Félix Guattari, como "revolução molecular". Isso significa que estamos diante de insurreições não centralizadas em uma linha de comando e que criam situações que podem reverberar, em um só movimento, tanto a luta contra disciplinas naturalizadas na colonização dos corpos e na definição de seus pretensos lugares quanto contra macroestruturas de espoliação do trabalho. São sublevações que operam transversalmente, colocando em questão, de forma não hierárquica, todos os níveis das estruturas de reprodução da vida social.

Vendo tais movimentos agora, creio que a razão mais profunda deste livro está na crença de que o século XXI começou assim, de que este é efetivamente nosso século. Engana-se quem acredita que o século XXI começou em 11 de setembro de 2001, com o atentado contra o World Trade Center. Essa é a maneira como alguns gostariam de contá-lo, pois seria a forma de colocar o século sob o signo do medo, da "ameaça terrorista" que nunca passa, que se torna uma forma normal de governo. Forma de colocar nosso século sob o signo paranoico da fronteira ameaçada, da identidade invadida. Como se nossa demanda política fundamental fosse, em uma retração de horizontes, segurança e proteção policial.

Na verdade, o século XXI começou em uma pequena cidade da Tunísia chamada Sidi Bouzid, no dia 17 de dezembro de 2010. Ou seja, começou longe dos holofotes, longe dos centros do capitalismo global. Ele começou na periferia. Nesse dia, um vendedor ambulante, Mohamed Bouazizi, decidiu ir reclamar com o governador regional e exigir a devolução de seu carrinho de venda de frutas, que fora confiscado pela polícia. Vítima constante de extorsões policiais, Bouazizi foi à sede do governo com uma cópia da lei em punho, tendo sido recebido por uma policial que rasgou a cópia na sua frente e lhe deu um tapa na cara. Bouazizi, então, ateou fogo em seu próprio corpo. Depois disso, a Tunísia entrou em convulsão, o governo de Ben Ali caiu, levando a insurreições em quase todos os país árabes. Começava, assim, o século XXI: com um corpo imolado por não aceitar submeter-se ao poder. Começava, assim, a primavera árabe, com um ato que dizia: melhor a morte que a sujeição, com uma conjunção toda particular entre uma "ação restrita" (reclamar por ter seu carrinho de venda de frutas apreendido) e uma "reação agonística" (imolar-se) que reverbera por todos os poros do tecido social.

Desde então, o mundo verá uma sequência de insurreições durante dez anos. Occupy, Plaza del Sol, Istambul, Brasil, Gillets Jaunes, Tel Aviv, Santiago são apenas alguns lugares por onde esse processo passou, e na Tunísia já se via o que o mundo conheceria nos próximos dez anos: insurreições múltiplas, que ocorrem ao mesmo tempo, recusam centralismo e articulavam, na mesma série, mulheres egípcias que se afirmavam com os seios à mostra nas redes sociais e greves gerais. A maioria dessas insurreições irá se debater com as dificuldades de movimentos que levantam contra si as reações mais brutais e deparam-se com a organização dos setores mais arcaicos da sociedade na tentativa de preservar o poder tal como ele sempre foi.

No Brasil, tal dinâmica insurrecional se debateu com a própria esquerda hegemônica e suas reações. Um dos eixos principais deste livro é a defesa de que devemos retornar mais uma vez e entender melhor o que 2013 significou para o Brasil. Que parte dessa força tenha sido potencializada pela extrema-direita e seu fascismo ordinário, isso simplesmente mostra o que sabemos desde que Marx escrevia, em 1848, sobre como uma revolução social poderia dar em Napoleão III, a saber, que dinâmicas populares de revolta permitem tanto a emergência de sujeitos revolucionários quanto de sujeitos reativos. Seria importante lembrar disso mais uma vez em um país como o Brasil, no qual as forças da reação organizaram-se de forma insurrecional. Setores expressivos da população foram às ruas, e nos anos seguintes pediram golpes militares, defenderam o fascismo de quem ainda nos governa. Dentro da lógica da contrarrevolução preventiva, o Brasil, diferentemente de outros países latino-americanos, foi capaz de mobilizar as dinâmicas de um fascismo popular.

Se achei que fazia ainda sentido reeditar este livro é por acreditar que um cenário possível entre nós é o de uma insurreição contra outra insurreição e há de se trabalhar por ele. Alguns podem achar isso distante e inefetivo; a esses e essas só posso lembrar desta frase de Marx em carta a seu amigo Ludwig Kugelmann: "Seria muito cômodo fazer a história universal se nos engajássemos na luta apenas à condição de nos sabermos vitoriosos". Mas como sei que esses e essas não serão convencidos a partir de uma frase ou mesmo de análises (as motivações para o engajamento passam por outros caminhos), talvez só resta pedir-lhes que fechem este livro. Outros acreditam que há de se estar preparado para que acontecimentos ocorram ou, se quiserem, há de se estar preparado para *desejar* que eles ocorram; a essas e esses o livro em questão foi escrito.

■ PREFÁCIO

Michael Löwy[1]

VLADIMIR SAFATLE, professor de Filosofia na Universidade de São Paulo, é um pesquisador internacionalmente reconhecido. Seus livros sobre Lacan, Hegel e Adorno foram traduzidos em várias línguas e têm sido objeto de seminários e debates na França e nos Estados Unidos. Mas Safatle não é apenas um acadêmico de primeira ordem. Ele é também – o que não é tão frequente – um pensador comprometido com a causa dos oprimidos e dos explorados, um autêntico homem de esquerda que usa sua pluma para denunciar os crimes e as injustiças do sistema capitalista e propor alternativas radicais. Este livro, *Só mais um esforço* – título que homenageia o Marquês de Sade, participante ativo da Revolução Francesa –, é uma notável contribuição

---

[1] Filósofo franco-brasileiro, diretor de pesquisas emérito do Centre National de la Recherche Scientifique (CNRS), em Paris.

a uma futura refundação da esquerda brasileira em novas bases críticas, subversivas e antissistêmicas. Safatle desenvolve uma análise e um ponto de vista que se destacam nitidamente do conformismo ambiente e da velha e sempre repetida política de conciliação de classes que tanto estrago fez à história da esquerda – e não só a brasileira. Temos na Europa, lembra Safatle, uma longa lista de capitulações da socialdemocracia. Tony Blair, Gerhard Schröder, Massimo d'Alema e, finalmente, François Hollande são algumas das figuras típicas desse reformismo sem reformas. No Brasil, o fenômeno tomou a forma de um populismo *sui generis*, não sem certas analogias com o de Getúlio Vargas. Com suas medidas sociais, Lula elevou o nível de vida de amplas camadas sociais desfavorecidas, em um modelo de integração da população pelo consumo que não mexeu com o consenso neoliberal e não diminuiu em nada o caráter profundamente desigual da sociedade brasileira. Essa política de conciliação e ajustes gradualistas acabou se esgotando, e tivemos então o golpe parlamentar contra Dilma Rousseff, seguido por uma sucessão de medidas ultrarreacionárias que constituíram um verdadeiro pesadelo neoliberal. Nesse modelo cada vez mais autoritário, a gestão pelo medo substitui a democracia liberal. Aplica-se, aqui, plenamente o dito do milionário americano Warren Buffett: "Quem disse que não há luta de classes? É claro que há uma e estamos vencendo".

Safatle observa que o Partido dos Trabalhadores (PT), em sua origem, era antipopulista e crítico do nacional-desenvolvimentismo. Eu acrescentaria: era mesmo anticapitalista. No encontro nacional do partido em

1990 – pouco depois da queda do Muro de Berlim e do anunciado "fim do socialismo" –, o PT aprovou um documento intitulado "O socialismo petista", em que afirmava o seguinte:

> Esse compromisso de raiz com a democracia nos fez igualmente anticapitalistas – assim como a opção anticapitalista qualificou de modo inequívoco a nossa luta democrática. [...] Por isso mesmo, os documentos constitutivos do PT [...] já advogavam a superação do capitalismo como indispensável à plena democratização da vida brasileira.

E o documento acrescenta:

> Semelhante convicção anticapitalista, fruto da amarga experiência social brasileira, nos fez também críticos das propostas social-democratas. As correntes social-democratas não apresentam, hoje, nenhuma perspectiva real de superação histórica do capitalismo.

Eis uma crítica acertada, que se aplica perfeitamente aos governos do PT de 2003 a 2016, cuja prática se encontra a muitos anos-luz desse radicalismo originário de 1990. Safatle acredita que o lulismo foi o último modelo de conciliação de classes; esse ciclo populista acabou, definitivamente. Tenho uma opinião um pouco diferente: se houver no futuro eleições diretas no Brasil – uma hipótese nada segura, considerando a alergia à democracia das classes dominantes brasileiras –, não se pode excluir a possibilidade de uma vitória de Lula ou de outro representante da centro-esquerda. O lulismo só será superado se seu espaço político for ocupado por uma força de esquerda radical, disposta a assumir o conflito social.

Uma das contribuições mais importantes deste livro é precisamente a proposta de refundação da esquerda, a partir de um programa efetivamente antissistêmico: democracia direta, gestão coletiva dos recursos públicos, de sistemas de crédito e do patrimônio ecológico, confisco de aparelhos produtivos para serem geridos pelos próprios trabalhadores, salário máximo, restrição do direito à propriedade privada. Só uma esquerda que não tem medo de dizer seu próprio nome, que assume a luta de classes e se identifica com o proletariado como sujeito político com força revolucionária – principal tese da teoria marxista da revolução – será capaz de superar os impasses aos quais nos levou um "reformismo fraco", que confundiu política com gestão.

Este livro corajoso, polêmico, instigante é não apenas uma análise, um estudo e um diagnóstico da atual conjuntura histórica do Brasil, mas um chamado à ação: "Agora não é hora de medo. Agora é hora de luta".

■ O ÚLTIMO CAPÍTULO OU HISTÓRIA SUCINTA DA DECOMPOSIÇÃO DE UM PAÍS

Ele falava como se mata
O animal selvagem
Ou a piedade
Seus dedos tocaram o outro rio.

René Char

Deixai os mortos enterrarem seus mortos.

Deus, ao que parece

PARA MUITOS, o Brasil parece ter se transformado em um pesadelo. Um país que, depois de elevado pela imprensa mundial à condição de potência emergente, virtual quinta economia do mundo vê-se agora como um território em desagregação acelerada. Para outros, ele simplesmente expressa atualmente, de forma mais brutal, os impasses de um processo que deve ser compreendido em sua dinâmica global. Reconstruir o sentido desta dinâmica aparece como condição necessária para entendermos como um país pode chegar a impasses tão espetaculares em um prazo tão curto de tempo, pois a história brasileira é, na verdade, o último capítulo de outra história. Ela é um setor decisivo da história latino-americana, e esta, por sua vez, está vinculada nas últimas décadas à ascensão da esquerda ao poder.

Tal experiência da esquerda latino-americana no governo nos primeiros anos do século XXI também faz parte de outra história. Na verdade, ela é o último capítulo da história da esquerda mundial no século XX. O que podemos chamar de "experiência latino-americana de governo de esquerda" – presente nos últimos 25 anos em países como Brasil, Argentina, Chile, Uruguai, Paraguai, Bolívia, Equador, Venezuela, Nicarágua, Peru, El Salvador, Haiti e Honduras – foi o término de uma longa história mundial marcada pela tentativa de consolidar políticas redistributivas, pela regulação dos agentes econômicos e pela integração das massas aos jogos eleitorais. Que essa história tenha encontrado na América Latina um de seus terrenos fundamentais, eis algo a ser creditado a uma conjunção de dois fatores.

Primeiro, a América Latina teve um déficit contínuo de integração popular aos processos de decisão política até a década de 1990, pois tal integração se deu normalmente de forma frágil, pelas vias do populismo, e de forma intermitente, sendo rompida várias vezes pela ascensão de ditaduras militares, em especial no período de meados dos anos 1960 até o final dos anos 1980. Segundo, enquanto a luta pela integração popular aos processos de decisão política em continentes com a Ásia e a África foi feita no interior de lutas coloniais, a América Latina tinha passado pela descolonização já no século XIX. Isto permitiu aos embates populares não serem imediatamente inscritos como lutas eminentemente nacionais, ganhando assim, de forma mais clara, a configuração de conflitos sociais nos quais questões transnacionais de classe e desigualdade podiam aparecer na linha de frente.

Lembremos como a experiência latino-americana conheceu, nestas últimas décadas, dois eixos principais. No primeiro, encontramos um modelo de polarização social normalmente marcado por reformas estruturais nas instituições de poder e por processos de incorporação popular populista. Foi o que ocorreu com países como Venezuela, Equador, Bolívia e Nicarágua. Este modelo, autodenominado "bolivariano", vendeu-se como "o socialismo do século XXI", mas foi, em larga medida, dependente de dinâmicas de constituição de corpos políticos que remetem ao populismo do século XX, com o consequente investimento libidinal massivo em figuras de poder personalizadas, como no caso da Venezuela. Tais dinâmicas identificatórias foram sua força momentânea e sua fraqueza final, até a degradação abertamente autoritária, como os casos nicaraguense e venezuelano. O caso mais complexo deste grupo é o da Bolívia, com sua organização institucional inovadora, seu crescimento econômico por muito tempo ininterrupto (média de 5,1% entre 2006 e 2014, e de 4,2% em 2016: um dos maiores crescimentos da América Latina), seu conceito de "estado plurinacional" e seu aprofundamento de participação popular nos processos decisórios do Estado – até os juízes do Supremo Tribunal são, agora, eleitos. Mesmo com o curto golpe de Estado de 2019, o processo parece ter, de alguma forma, sobrevivido.

No segundo eixo, encontramos um modelo de gestão social marcado, ao contrário, pela conservação de estruturas institucionais próprias à democracia liberal e por processos de incorporação popular também caracterizados como populistas. Este foi o modelo próprio, principalmente, ao Brasil e à Argentina, mas em menor grau ao Uruguai, ao Chile, ao Peru, a El Salvador e, por algum tempo, ao Paraguai. Tal modelo representou uma experiência retardatária que procurou realizar políticas de redistribuição respeitando o espaço político próprio à democracia liberal, acreditando que poderia, de certa forma, repetir certas estratégias de gestão da social-democracia europeia dos anos pós-guerra. À exceção do Paraguai, que sofreu um golpe de Estado parlamentar já em 2012, este modelo entrou em colapso mais ou menos ao mesmo tempo em todos os países. Resultado de políticas pós-ditadura, ele foi uma paradoxal e única articulação entre um horizonte reformista social-democrata e um modelo de integração política populista – o que não deveria impressionar ninguém, pois pensar a América Latina exige saber operar com paradoxos, contradições não superadas. Desse grupo, foi o Chile que, após a insurreição popular de 2019 e a instauração de um processo constituinte inovador, abriu uma nova via que ressoa sua própria história de uma "via própria", desde o governo Salvador Allende, baseada em um certo "institucionalismo insurrecional".

Seria bom começar nossa análise assim. O Brasil tem uma tendência particular a se ver como a maior ilha do mundo, procurando desenvolver análises de seus processos político-sociais como se sua estrutura causal fosse completamente endógena. No entanto, melhor seria se procurássemos perceber como se dá nosso modo de integração a movimentos globais, não apenas para denunciar como em certos momentos acabamos por mimetizar com atraso processos socioeconômicos transnacionais, mas principalmente para expor as dinâmicas de esgotamento de modelos globais que apenas começam a ser sentidas em países do centro do capitalismo. Neste sentido, o fracasso da experiência latino-americana, em especial em seu setor mais avançado – a saber, capitaneado pelo Brasil –, não é apenas algo que diga respeito a uma região periférica do capitalismo mundial. Tal fracasso foi a tomada gradual de consciência de que o tempo da democracia liberal e de seus acordos já não existia mais. Nós havíamos chegado tarde demais. Por isto, a experiência latino-americana expôs, de forma mais explícita, o que o resto do mundo começa a descobrir de forma dramática. Ela traz como saldo a consciência de que uma política de conciliação impulsionada por ajustes gradualistas, facilmente anulados no primeiro retorno ao poder dos núcleos dirigentes tradicionais (como vemos claramente no Brasil desde o golpe parlamentar de 2016), não deveria ter mais lugar.

Não há lágrimas pelo fim da democracia liberal

Neste contexto, nos lembremos de como a democracia liberal, tal como a conhecemos, é uma invenção recente que se consolidou a partir do final da Segunda Guerra Mundial. Ela respondia a um sistema de acordos e equilíbrios entre setores sociais antagônicos vitoriosos ao fim da guerra. Sua base de sobrevivência foi a capacidade de orientar a política em direção a uma espécie de "luta pela conquista do centro". Assim, os partidos de esquerda europeus, pouco a pouco, moderaram seus horizontes de ruptura institucional para acabar por serem gestores do dito Estado de bem-estar social. Mesmo os partidos comunistas europeus, fortes até o final dos anos 1970, com índices de votação que podiam chegar a 30% (como no caso do Partido Comunista Italiano), operaram no interior dessa lógica de respeito ao horizonte institucional liberal, retirando de circulação toda luta por mudanças institucionais profundas, agindo dentro do esquadro de uma "coexistência pacífica" – isto até o momento em que tais partidos perderam de vez sua força e relevância.

Da mesma forma, os partidos de direita foram levados a aceitar a conservação de uma espécie de mínimo social a ser respeitado, mesmo agindo com vistas a promover a liberalização da economia e a gradativa desregulamentação das defesas trabalhistas contra a espoliação. Há de se lembrar que a constituição do Estado de bem-estar social foi, de certa forma, uma criação da direita, à qual a esquerda se associará posteriormente. Não é possível contar a história da formação do Estado-providência alemão, por exemplo, sem passar pelas políticas implementadas pelos democratas-cristãos e sua "economia social de mercado", nem contar a história do seu símile francês sem passar pelo gaullismo.

Exatamente por ser uma formação de compromisso, a democracia liberal e seus gestores do Estado do bem-estar social estavam fadados a durar pouco. Não porque ela produziria letargia econômica e baixa competividade, mas porque o patronato, intocado em suas posses, utilizaria a primeira oportunidade para aumentar rendimentos reduzindo os elementos do custo salarial e criando condições para uma verdadeira reedição dos processos de acumulação primitiva. A social-democracia não representou nenhuma modificação substancial na detenção de meios de produção, mas um compromisso frágil com quem esperava a primeira oportunidade para pôr o sistema abaixo. Tal oportunidade veio em meados dos anos 1970 através de uma conjunção improvável entre crise econômica e crítica cultural. Uma crise provocada não pelo custo da previdência social, mas, por um lado, pelo desmantelamento do colonialismo que sustentava a social-democracia principalmente em países como França e Reino Unido, garantindo acesso monopolista a mercados, além de mão de obra imigrante barata dentro de uma lógica colônia-metrópole. Seria difícil o Estado de bem-estar social sobreviver sem sua solidariedade ao colonialismo e suas facilidades econômicas.

Complementando, a crise do sistema encontrará seu segundo elemento impulsionador no conflito entre Israel e o mundo árabe, ou seja, ainda em um fator ligado às consequências das ambivalências das políticas coloniais no Oriente Médio. A crise do petróleo de 1973, que representará a primeira crise global do Pós-Guerra, quebrou o ciclo mais constante de crescimento no século XX, produzindo uma insegurança econômica profunda a ser aproveitada por novos discursos de reforma social.

Por outro lado, alguns podem achar estranho o papel da crítica cultural nesse processo de esgotamento da democracia liberal, mas ele é real. Para tanto, foi necessária uma inversão peculiar, dessas que o capitalismo se mostrou hábil em operar. Maio de 1968 produziu no ocidente a ascensão da crítica à estrutura disciplinar do Estado e das instituições, a recusa da sociedade do trabalho com seus processos extensivos de alienação social e a consciência da proliferação de dispositivos de controle social nas esferas da reprodução material, do desejo e da linguagem. Tratava-se de uma crítica totalizante ao capitalismo como sistema econômico e como modo de existência que deve ser lida dentro de uma sequência histórica na qual encontramos, ainda, a comuna de 1871 e a revolução soviética de 1917.[2]

Maio de 1968 esperava, com isto, permitir a emergência de sujeitos políticos com força para produzir transformações globais de formas de vida em direção a modelos capazes de recusar tanto o sistema burocrático soviético quanto a democracia liberal. Esses sujeitos emergiram, mas com menos força do que imaginavam. Junto a eles, emergiram também tanto sujeitos claramente reativos, dispostos a lutar pela preservação da ordem e de suas tradições, como simulacros de revolta. Este é o ponto mais importante: analisar tais simulacros que, mesmo sem expor sua natureza de forma clara, usavam a potência da revolta para empurrar o mundo para fora da democracia liberal. Não para além dela, mas para aquém.

---

[2] Para uma discussão adequada da significação política de maio de 1968, ver, principalmente, BADIOU, Alain. *A hipótese comunista.* São Paulo: Boitempo, 2015.

Neste sentido, nos lembremos de como o primeiro tremor no pacto que sustentou a democracia liberal se deu com a leva neoliberal de Margaret Thatcher e Ronald Reagan, ao final dos anos 1970, que começa efetivamente no Chile de Pinochet, em 1973. Nos Estados Unidos, o pacto criado pelo New Deal de Franklin Roosevelt, em larga medida conservado por décadas, foi desmontado através de uma política de retração do Estado, de desregulação progressiva da economia e de redução de impostos para os mais ricos. O mesmo foi feito no Reino Unido, sob o fogo de uma luta incessante contra os sindicatos e as categorias profissionais. Há de se lembrar de como, cinco anos depois de assumir o governo do Reino Unido, Thatcher produzira simplesmente o declínio da produção industrial, o fim de fato do salário mínimo, dois anos de recessão e o pior índice de desemprego da história britânica desde o fim da Segunda Guerra (11,9% em abril de 1984).

Os arautos do modelo econômico atual gostam de se ver como vencedores de um embate no qual teriam demonstrado ao mundo que o capitalismo neoliberal era a melhor forma, mesmo a única, de produzir riqueza, inovação e bem-estar. As experiências de esquerda teriam falhado por criarem apenas uma sociedade letárgica, presa na sustentação de um Estado ineficiente e pesado. Ou seja, tais experiências teriam sido ultrapassadas pela lei inexorável da eficiência econômica, lei esta que desconhece ideologias, que conheceria apenas "resultados".

Entretanto, os "resultados" mostram outra coisa. Eles mostram, por exemplo, como o nível de pobreza nos Estados Unidos caiu progressivamente até meados da década de 1970, voltando a subir exatamente com a ascensão das políticas neoliberais, nunca mais tendo novamente caído de forma sustentada. Em 2015, ele atingia 13,5% da população,[3] mais do que em 2007. Os índices de desigualdade, por sua vez, aumentaram exponencialmente nos últimos trinta anos. No período 1910-1920, a renda dos 10% mais ricos representava entre 45-50% da renda nacional estadunidense. Esta porcentagem cai para 35% em 1950, chegando a 33% em 1970. A partir de então, ela volta à casa de 45-50% entre 2000 e 2010.[4] A isto, alguns chamam de "sucesso". Tal fenômeno só pode ser chamado de sucesso se lembrarmos da afirmação do milionário Warren Buffet: "Quem disse que não há luta de classes? É claro que há uma e a estamos vencendo".

O neoliberalismo é um discurso moral

A verdade é que essa política de choque e fim de padrões mínimos de solidariedade social só poderia ser sustentada pela doutrinação estatal de uma nova moral. No fundo, é isto que o neoliberalismo sempre foi: mais do que uma doutrina econômica de resultados miseráveis, um discurso moral capaz de fundamentar novas formas de sujeição social.

Lembremos de como, durante certo tempo, o modelo do Estado de bem-estar social, com seu capitalismo de

---

[3] Dados do US Census Bureau, Current Population Survey.

[4] Ver PIKETTY, Thomas. *Capital in the Twenty-First Century*. Belknap: Harvard, 2014. p. 26.

Estado, fora visto como uma espécie de modelo perfeito de gestão de conflitos sociais.[5] Friedrich Pollock, em um ensaio clássico, insistia na tese da passagem inexorável de um "capitalismo privado" para um capitalismo de alta regulação estatal, fosse ele totalitário (nazifascismo) ou democrático (social-democracia). Um capitalismo no qual as decisões econômicas estariam submetidas à orientação política das deliberações de gestão e limitação da força de transformação dos conflitos de classe. Pollock chega a falar em uma substituição de problemas econômicos por problemas administrativos, criando um horizonte "racional" de gestão de conflitos sociais graças às promessas de integração da classe trabalhadora devido à consolidação de uma lógica da providência e da assistência social generalizada que teria a capacidade de limitar os processos de espoliação econômica.

Neste sentido, maio de 1968 demonstrará a fragilidade dessa crença na possibilidade de regulação de conflitos no interior de um capitalismo de Estado, pois ele mostrou como as formas de regulação da classe trabalhadora não foram capazes de impedir a consolidação de revoltas nos países centrais, revoltas estas que visavam o caráter disciplinar desse mesmo Estado-providência outrora visto como o modelo perfeito de gestão social. Ou seja, as revoltas de maio de 1968 e a força de insurreição de seus conflitos mostraram os limites das promessas de integração do capitalismo de Estado e de suas estratégias de providência.

---

[5] Ver POLLOCK, Friedrich. State Capitalism: Its Possibilities and Limitations. In: ARATO, Andrew; GEBHARDT, Eike. *The Essential Frankfurt School Reader.* Nova York: Continuum, 1983. p. 71-93.

Os próximos modelos capitalistas de gestão das sociedades, se quisessem ter eficácia real, deveriam operar de outra forma. Estava evidente a impotência do discurso de integração através da identificação com a figura do cidadão do Estado-nação comum. Seria necessário deslocar os processos de regulação social para uma outra cena de onde se seguia o fortalecimento de um modelo de gestão social através da expropriação da economia pulsional e de regulação psíquica, em uma lógica prevista percebida décadas antes pela Escola de Frankfurt. Saía, assim, de cena o capitalismo de Estado para que um *capitalismo de expropriação libidinal* se tornasse hegemônico. Ele saía de cena para que a economia como design psicológico e imposição moral pudesse tomar a frente do trabalho de sujeição social. E é neste ponto que começa a história da ascensão da era neoliberal.[6]

Neste sentido, notemos como é de sua natureza de discurso moral que vem a verdadeira força do neoliberalismo, longe das pretensas "evidências de sucesso". Sua necessidade foi imposta a nós como uma injunção moral, como uma moral baseada em uma versão muito particular da coragem enquanto virtude. Coragem para assumir o risco de viver em um mundo no qual pretensamente só se sobreviveria através da inovação, da flexibilidade e da criatividade. Todos esses valores foram colocados em circulação, em maio de

---

[6] Para uma discussão mais detalhada sobre esse aspecto, ver DUNKER, Christian; SAFATLE, Vladimir; SILVA JÚNIOR, Nelson (Orgs.). *O neoliberalismo como gestor do sofrimento psíquico*. Belo Horizonte: Autêntica, 2021.

1968, contra o caráter alienante da sociedade do trabalho – mas os quais, nas mãos dos arautos do neoliberalismo, assumiam uma feição completamente inesperada.

Assumir riscos no livre-mercado apareceu, assim, como a expressão maior de maturidade viril, como a saída da minoridade a que estariam submetidos aqueles pretensamente infantilizados pela demanda de amparo do Estado-providência. Este mantra levava os sujeitos a acreditarem que, se eles fracassassem economicamente, seria absolutamente por culpa deles, individual, seria em razão de sua incapacidade de se reinventar, de se "reciclar" como uma garrafa pet. Enquanto tal moral do risco simulado era brandida em voz alta, dois economistas italianos, Guglielmo Barone e Saulo Mocetti, divulgaram em 2016 um sintomático estudo mostrando como o sobrenome das pessoas ricas em Florença são, em larga medida, os mesmos há quase quinhentos anos, desde 1427 até 2011.[7] Certamente, deve ser por mérito e pela capacidade dessas famílias em educar seus filhos para ter coragem diante do risco. Ou seja, um estudo como esse apenas demonstra a natureza feudal do capitalismo, sua maneira de acomodar-se perfeitamente a privilégios familiares feudais que permanecerão intocados por séculos.

Atualmente, conhecemos estudos que defendem a tese de a ascensão do neoliberalismo no final dos anos 1970 ser um peculiar desdobramento dos impulsos de maio

---

[7] BARONE, Guglielmo; MOCETTI, Saulo. Intergenerational Mobility in the Very Long Run: Florence 1427-2011 (April 28, 2016). *Bank of Italy Temi di Discussione (Working Paper)*, n. 1060.

de 1968.[8] Tal tese deve ser levada a sério. De fato, nunca entenderemos o neoliberalismo sem nos perguntarmos o que ele tem (ou tinha) de utopia realizada. Ideais de flexibilidade, de fim do emprego, de crítica do Estado, de aumento da capacidade individual de decisão estavam presentes na revolta estudantil de maio de 1968. À sua maneira, o neoliberalismo fornecia uma versão para todos esses ideais, mas agora retirando-os de seu fundamento na crítica social ao capitalismo e coordenando-os no interior de uma lógica de generalização da forma-empresa e da gramática do "empreendedorismo", gramática essa que conseguiu até mesmo colonizar a gramática de lutas da esquerda.[9] Esta ilusão baseada na construção de um símile da revolta, estas histórias de empreendedores com cara de hippies que começam em garagens e terminam no topo do processo produtivo global durou décadas, impulsionada no final dos anos 1980 pelo colapso do socialismo real no leste europeu. Eis a especialidade do capitalismo: criar símiles de revolta, vampirizar a força de transformação global. Seu último estágio é quando até a esquerda perde sua própria gramática e começa a professar o evangelho dos defensores do "empreendedorismo periférico" que não seria outra coisa que o reconhecimento de um modo de

---

[8] Ver, principalmente, o clássico BOLTANSKI, Luc; CHIAPELLO, Eve. *O novo espírito do capitalismo*. São Paulo: Martins Fontes, 2012.

[9] Para um uso catastrófico do empreendedorismo como modelo de emancipação social, ver NEGRI, Antonio; HARDT, Michael. *Assembly: a organização mutitudinária do comum*. São Paulo: Filosófica Politéia, 2018.

subjetivação empresarial de si como pretenso horizonte real de nossas lutas.

Mas o fato fundamental só agora fica visível: a ascensão do neoliberalismo como política de Estado e discurso moral representou a destruição contínua da democracia liberal e de seus pactos. Restringindo paulatinamente o horizonte de políticas públicas, impondo a versão de que, no que diz respeito à economia, "não há escolha" – mesmo diante do caráter suicida do sistema financeiro internacional, explícito desde a crise dos *subprimes* –, o neoliberalismo conseguiu esvaziar a política e suas instituições. Seu mundo é a reedição de um mundo pré-político, no qual as relações sociais se resumem à gestão militarista da segurança e às garantias da perpetuação dos modos atuais de circulação de riqueza. Aos poucos, ficou evidente como a política mundial, depois de esvaziada da possibilidade de decidir modificações efetivas na esfera da economia, tornara-se uma mera pantomima, composta por personagens exímios em demonstrar sua impotência.

A esquerda brasileira em um horizonte mundial de capitulação

É verdade que os anos 1990 pareciam, inicialmente, implicar certa retração desse horizonte neoliberal com a ascensão do que se chamou à época de "onda rosa". Era a volta da "esquerda" europeia em países centrais como a França, Reino Unido, Alemanha e Itália. Mas o novo trabalhismo de Tony Blair com sua terceira via, o novo centro de Gerhard Schroeder, os ex-comunistas de Massimo D'Allema, a volta dos democratas com Bill Clinton e seu neoliberalismo misturado com discursos de reconhecimento de minorias[10] demonstraram ser outra coisa. Na verdade, tratava-se de uma capitulação. O que se viu foi apenas a consolidação da falência da social-democracia, seu enterro pelos próprios atores que, de certa forma, deveriam representá-la.

É neste horizonte de capitulação que a experiência brasileira se insere. Colaborava para isto um fantasma a assombrar a esquerda latino-americana: o fantasma da via chilena abortada. O Chile sob o governo Allende foi uma das mais impressionantes experiências da esquerda latino-americana na tentativa de constituição de um socialismo democrático. Seu modelo único conjugava mudanças estruturais, estatização do sistema bancário, nacionalização de minas, criação de sistema de autogestão de fábricas e procurava garantir uma sociedade politicamente plural. Sabotado de forma sistemática pelos Estados Unidos – o que levou o governo Clinton a pedir desculpas ao Chile pela política de destruição implementada pelo Departamento de Estado sob o comando de Henry Kissinger –, o modelo naufragou em meio a locautes e desabastecimento.

Esse fracasso foi um dos maiores golpes contra a esquerda latino-americana, um golpe que só começa a ser superado agora. O diagnóstico corrente insistia no isolamento da Unidad Popular e sua incapacidade de estabelecer alianças com o centro (a democracia-cristã) tendo em vista a governabilidade. As novas gerações da esquerda, assim

---

[10] Ver, por exemplo, FRASER, Nancy. Feminism, Capitalism and the Cunning of History. *New Left Review*, n. 56, mar.-abr. 2009.

como aqueles que viram de perto o colapso da via chilena, cresceram acreditando que uma segunda experiência deveria evitar tal cenário, gerenciando "concertações" e conciliações. Mas coalizações não significam apenas partilha de cargos de governo. Elas significam simbioses e partilhas de modos de gestão social, assim como respeito a interesses que os membros de sua coalização representam. Em um horizonte mundial de conversão da "esquerda" à gestão de um neoliberalismo "com rosto mais humano", os resultados tendiam a empurrar a esquerda à irrelevância. Isto ficou evidente com a crise de 2008 e com a ausência de alternativas a um modelo econômico falimentar. O Brasil podia anunciar ter ultrapassado o primeiro impacto da crise operando políticas protokeynesianas e de consolidação de seu capitalismo de Estado, mas o caminho posterior será outro. Pouco a pouco, seu destino foi o mesmo de todos os atores políticos mundiais forçados a aplicar a mesma política de "austeridade", com suas contenções de investimentos públicos, seu desmonte de mecanismos de distribuição de renda e a elevação dos interesses do sistema financeiro mundial à condição de dogma inquestionável. Este processo começa de maneira evidente no último governo de Dilma Rousseff. Por isso, há de se reconhecer a responsabilidade maior do setor governista da esquerda brasileira por seu próprio colapso. As políticas implementadas depois da derrubada de Dilma Rousseff – como a limitação de gastos públicos pelos próximos vinte anos com a decomposição anunciada do Estado brasileiro, a reforma previdenciária e o desmonte dos direitos trabalhistas – aproveitaram-se de uma guinada neoliberal do próprio governo petista que, ao entregar sua política econômica a alguém como Joaquim Levy, permitiu a consolidação do discurso de que a única saída para a situação de crise seria adotar o mesmo modelo de políticas econômicas que haviam falhado no resto do mundo.

O medo é nosso único legado

Neste processo global de capitulação, os partidos de esquerda foram simplesmente dizimados, já que eles perderam de vez sua função de contraponto, sem coragem para trilhar outra via. O que ocorreu no Brasil nos últimos anos não está fora dessa história geral, foi apenas uma versão mais trágica de um processo global. Neste sentido, a ascensão política contemporânea de Donald Trump, Jair Bolsonaro, Marine Le Pen e do Alternativa pela Alemanha, além da vitória do Brexit capitaneada por Boris Johnson, são partes de um mesmo fenômeno. Essas escolhas expressam o desconforto com a ausência de escolha dentro da democracia liberal. Elas demonstram, na verdade, que a democracia liberal acabou, que seu acordo não existe mais. De fato, a crise econômica levou populações a irem em direção ao extremo em vez de aceitar as normas e a dogmática econômica que vigoravam no centro do espectro político.

Nesse sentido, a consolidação da extrema-direita brasileira merece ser debatida de forma mais analítica. Por mais que o país tivesse parcelas significativas de sua sociedade imersas na defesa tácita da ditadura militar, em práticas marcadas pela ausência de qualquer solidariedade social com grupos vulneráveis, além do culto à violência como resposta ao medo generalizado próprio a um país que se constituiu através da opressão e da guerra a índios, negros e pobres, a Nova República impediu que tais parcelas se constituíssem em atores políticos relevantes. Uma conjunção de fatores internacionais e nacionais permitiu o despertar dessas células dormentes.

Na verdade, uma comparação entre a extrema-direita europeia e a brasileira pode nos ajudar a compreender o que ocorreu conosco. Comecemos por lembrar como duas datas são fundamentais para a consolidação da extrema-direita no eixo Europa-Estados Unidos: 2001 e 2008. A primeira está relacionada ao uso global do terrorismo como princípio de coesão social, já a segunda, à mais séria crise econômica do capitalismo desde 1929.

Após os ataques de 11 de setembro de 2001, ficou claro que a partir de então a legitimidade da força soberana do Estado nas sociedades de capitalismo avançado regrediria ao seu solo original, a saber, ao uso da insegurança e do medo como afetos políticos centrais. Não foram poucos aqueles que insistiram em como as ações direcionadas à "guerra contra o terror" não eram, em larga medida, pautadas exatamente pelo cálculo do combate às causas e da consolidação global de alianças. Logo saltou aos olhos a desproporcionalidade entre ações como a invasão do Afeganistão, do Iraque e os resultados efetivos referentes à segurança dos cidadãos e cidadãs das democracias liberais de Primeiro Mundo. Mas isto não poderia ser diferente, já que tais ações estavam ligadas, principalmente, às lógicas de produção de adesão social a partir do impacto da generalização do medo.

No entanto, era claro que nesse horizonte a extrema-direita seria a grande beneficiária política da nova situação.

Seu ideário sempre fora resultado de uma noção paranoica de Estado-nação, na qual as temáticas da fronteira, do limite, da invasão, da imunização necessária e do contágio eram os elementos centrais. Agora, seu discurso estava caminhando em direção ao centro do debate político. Bastava forçar o amálgama entre imigrantes e terroristas, uma operação relativamente simples se levarmos em conta como o significante "árabe" e "turco" (os grupos mais relevantes de imigrantes) estava ligado, no imaginário europeu, às guerras coloniais com seus estereótipos primários.

Mas faltava um elemento a mais para a consolidação da extrema-direita europeia, e ele veio com 2008. A crise econômica demonstrou a inanidade da política hegemônica baseada na balança social-democracia/liberais. As mesmas políticas de "austeridade" foram aplicadas tanto por governos à esquerda quanto à direita. Do ponto de vista de suas políticas econômicas, Schroeder e Merkel na Alemanha, Sarkozy e Hollande na França, Zapatero e Aznar na Espanha, Tony Blair e David Cameron no Reino Unido não significaram mudança alguma, e isto ficou claro para a população empobrecida e submetida a regimes cada vez mais brutais de insegurança social. A extrema-direita compreendeu isto e posicionou-se com um discurso antiliberal marcado pela crítica do livre-comércio, pelo retorno a práticas protecionistas, pela crítica do mercado financeiro global e com propostas de seguridade e garantia social partilhadas com a esquerda. Sua diferença era que tais propostas conjugavam-se em uma gramática nacional e xenófoba. O tópico da solidariedade internacional e da indiferença à nação em nome de uma universalidade concreta, tão caro à esquerda, estava fora de circulação. Neste sentido, a extrema-direita europeia recuperou suas raízes fascistas e nacional-socialistas, ou seja, assumiu sua matriz de discurso nacionalista e antiliberal.

Este antiliberalismo da extrema-direita europeia mostrou o que podia produzir com o Brexit britânico e com a ameaça da volta das moedas nacionais e do controle de alfândegas. Isto obrigou o neoliberalismo europeu a deslocar-se para outras regiões da política, tentando criar um "neoliberalismo com rosto humano" cujo laboratório foi a França de Emmanuel Macron: um governo que aplicava as mais brutais políticas de desmonte de direitos sociais, a mais explícita violência policial contra toda forma de manifestação enquanto cultiva a falas baseadas na tolerância, cosmopolitismo e em remixes da filosofia de Paul Ricoeur.

No entanto, ficou claro que este modelo não poderia ser aplicado ao Brasil, além de ele entrar em colapso nos próprios países centrais do capitalismo mundial. Nem o combate ao terrorismo era um tópico relevante em um país completamente fora do eixo colonial, nem a crise de 2008 foi espaço para a aplicação de políticas de "austeridade" nos moldes europeus. A princípio, o horizonte que permitiu a ascensão da extrema-direita na Europa parecia longe. Assim, todas as tentativas de vencer eleições presidenciais no Brasil com pautas neoliberais naufragaram e continuariam naufragando. Isto não poderia ser diferente. Uma pesquisa feita pela Ipsos e divulgada em agosto de 2018 mostrava que 68% da população brasileira era contra privatizações,

71% era contra a reforma da previdência (*Datafolha*, maio de 2017) e 85% era contra a reforma trabalhista (*Vox Populi*, maio de 2017) – e isto não era o resultado de alguma forma de "herança ibérica", mas de uma constatação pragmática simples. As relações de trabalho no Brasil são marcadas pela espoliação brutal, haja vista as diferenças salariais entre os mais ricos e os mais pobres. Segundo dados do IBGE, a parcela mais rica da população brasileira ganha salários (sem contar bonificações e *stock-options*) 36 vezes maiores do que a parcela mais pobre. Neste contexto, a parcela mais pobre vê o Estado como alguma forma de anteparo contra as relações brutalizadas do mercado de trabalho. Ou seja, no Brasil, a pauta neoliberal só poderia ser aplicada em condições de governo autoritário ou através de um processo eleitoral totalmente alterado. Para tanto, seria necessário, inicialmente, recriar uma aliança em torno de atores políticos fora do eixo de governabilidade da Nova República, a saber, o PT e o PSDB (Partido da Social Democracia Brasileira), pois os dois partidos se comprometeram, cada um à sua maneira e seguindo inflexões distintas, com um certo regime de conciliações e pactos próprios do período pós-ditadura. Isto significaria tentar um modelo que fora inicialmente testado no Chile de Pinochet ao aliar neoliberalismo e extrema-direita autoritária.

No Brasil, isto significaria apoiar-se nas células dormentes intactas desde o fim da ditadura militar. Em um país que produziu uma transição democrática infinita, feita para nunca terminar, que nunca aplicou princípios elementares de justiça de transição e dever de memória, esta operação era possível, contrariamente ao caso de outros países latino-americanos como Argentina, Chile e Uruguai. Seria necessário reeditar a aliança de 1964 entre empresariado, agronegócio, igrejas e imprensa conservadora, além das forças armadas, o que foi feito, enfim, na última eleição presidencial através do eixo de apoio de Jair Bolsonaro.

Mas não seria possível apresentar diretamente a verdadeira matriz da pauta econômica com seus discursos de "privatizar tudo" (algo que não foi feito em nenhum, repito, em nenhum país do mundo) para o pagamento de dívida pública, seu respeito sagrado ao teto de investimentos do Estado brasileiro com o consequente desmantelamento final dos serviços públicos, sua autonomia do Banco Central. Seria necessário que tais discussões saíssem de cena para dar lugar a um eixo no qual a "desordem", a "corrupção" e a "violência" fossem os elementos maiores do embate político. E, neste ponto, as manifestações de 2013 foram decisivas. De certa forma, para a extrema-direita, 2013 foi nosso 2001, pois foi o momento no qual o medo pôde se consolidar como afeto político central.

Como veremos mais à frente, há de se lembrar como a imagem paradigmática de 2013 foi a destruição de um símbolo do Estado e da ordem. Trata-se da massa de manifestantes em Brasília ateando fogo no Palácio do Itamaraty, já que tinha sido impedida pela polícia de fazer o mesmo com o Congresso Nacional. Nunca na história nacional houve a expressão mais evidente da desidentificação entre a população e as instâncias da ordem estatal. Junto com isto, a população brasileira viu, durante meses, séries ininterruptas de manifestações de toda ordem, contra experiências com cães em laboratórios, contra a degradação da saúde pública, pela defesa dos direitos de mulheres, LGBTQIAP+, negros, mostrando como o perfil dos padrões de existência no interior da sociedade brasileira tendia a mudar. Não por acaso é que foi a partir de então que discursos exigindo "ordem" ganharam relevância. Diante de uma Brasília em chamas, não é de se impressionar que vários começaram a pedir "seu país de volta" envoltos na bandeira nacional e sonhando com "intervenção militar". Ou seja, as manifestações de 2013 demonstraram a existência de algo que poderíamos chamar de "plasticidade revolucionária" da sociedade brasileira. Contra esta plasticidade revolucionária, seria necessária uma contrarrevolução preventiva. Tratava-se, então, de consolidar uma operação de basteamento significante. "Violência" e "corrupção" poderiam ser portas de entrada para a hegemonia de um discurso de esquerda no Brasil. Bastava que "violência" fosse associada à desigualdade obscena da sociedade brasileira, à ação exterminadora do Estado, e "corrupção", a um sistema político distante da deliberação popular e da participação direta. Mas o significante "ordem" produziu outra hegemonia na qual a falta de um governo forte, de cunho militar, aparecia como a causa da degradação da república, mesmo que a tirania fosse a forma fundamental da corrupção, haja vista a própria história corrupta da ditadura brasileira. Na verdade, aliada ao antiestatismo neoliberal, a luta contra a "corrupção" foi apenas a senha para as classes média e alta legitimarem seu desejo inconfesso de eliminar toda solidariedade social possível. Foi desta forma que a extrema-direita brasileira foi criada com seu neoliberalismo de rosto inumano.

Os impasses da política das diferenças

Neste contexto, o que antes era a esquerda aparece atualmente como uma força incapaz de organizar um discurso de alternativa econômica global. Ela não conhece mais crítica estrutural alguma, o que nada tem a ver com a distinção arcaica entre reforma e revolução. Uma crítica estrutural pode, inclusive, impulsionar processos cada vez mais amplos de reformas. É ela que os impedirá de paralisar. Mas o fato é que não há sequer reformas efetivas no horizonte da esquerda. Ou seja, *depois de abandonar a noção de revolução, a esquerda abandonou até mesmo o horizonte de reformas.* Mais ainda: em países como França, Espanha, Grécia, Alemanha (já que o SDP governou com a CDU durante anos), foi ela quem levou a cabo os choques de austeridade. Tudo o que lhe restou, por enquanto, foi apoiar-se em políticas de reconhecimento de direitos de setores vulneráveis da população, como mulheres, negros, comunidades LGBTQIAP+, entre outros.

Este é um ponto maior de impotência: em larga medida, a luta por reconhecimento funciona atualmente como uma espécie de compensação à inexistência de um discurso econômico de esquerda com clara força de transformação e com capacidade de implicar as classes empobrecidas. O que não significa em absoluto reconhecer a relevância da distinção equivocada entre "luta de classe" e "pautas identitárias". Trata-se simplesmente de constatar que a própria esquerda conseguiu transformar tais pautas, profundamente justas em si, na única modificação concreta que ela é capaz atualmente de oferecer, já que estamos todos comprometidos com a gestão do mesmo modelo econômico, divergindo apenas sobre a intensidade da aplicação das mesmas políticas. Mas nossas lutas não devem ser organizadas a partir de tais pautas: devem ser geradas a partir delas, o que é algo totalmente diferente do que vemos hoje.

No entanto, creio ser necessário esclarecer um ponto que constantemente retorna quando é questão das discussões sobre os riscos de certo uso compensatório de lutas de reconhecimento por parte da esquerda, pois há de se dizer claramente que a dita "crítica do identitarismo" é uma falsa questão que apenas serviu para a esquerda atual não reconhecer sua dificuldade estrutural em produzir um universalismo real.

A noção de "identidade" conseguiu colocar-se no centro dos embates políticos de nossa época. Ela trouxe novos problemas e novas sensibilidades com as quais precisaremos lidar no interior das lutas sociais contemporâneas por reconhecimento. Para ela, convergem questões práticas e teóricas complexas que concernem a integralidades dos sujeitos, pois tocam a gramática social naquilo que ela tem de mais estruturador – a saber, suas dinâmicas de relação e de unidade.

Muitos utilizam "identidade" para desqualificar lutas que questionam práticas seculares de exclusão naturalizadas sob as vestes de discursos universalistas. Assim, na perspectiva desses críticos, as lutas ligadas a movimentos feministas, negros, LGBTQIAP+ seriam, em larga medida, "identitárias" porque visariam, na verdade, criar uma nova geografia estanque de lugares de poder. Lugares estes indexados por identidades específicas. Muitos dos sujeitos organicamente vinculados a tais lutas lembram, no entanto, que até para um não cristão vale o dito do Evangelho: "Tira primeiro a trave do teu olho, e então poderás ver com clareza para tirar o cisco do olho de teu irmão". Ou seja, antes de acusar qualquer um de regressão identitária, seria o caso de começar por se perguntar sobre o identitarismo naturalizado pela hegemonia de uma história violenta de conquistas e sujeição operada, majoritariamente, por brancos europeus. Essa colocação é astuta e irrefutável. Ela não afirma que a naturalização de identidades e suas fronteiras é o horizonte efetivo das lutas que nos atravessam, mas que não se pode falar em qualquer experiência de universalidade concreta até que o foco mais forte de identidade seja deposto, e este foco encontra-se, vejam que coincidência estranha, do lado dos que atacam certas lutas sociais por serem "identitárias". Pois seria o caso de lembrar a esses que o universalismo nunca até agora existiu, a não ser de maneira frágil e intermitente no interior de processos revolucionários, como a Revolução Haitiana, a Comuna de Paris, os primeiros anos da Revolução Russa. Horizontes esse que não são aqueles normalmente reivindicados pelos que se apresentam como defensores dos "universalismos" contra os pretensos identitários.

De toda forma, se há algo que as manifestações vitoriosas no Chile a partir de 2019 mostram bem é que lutas por reconhecimento – como as lutas feministas, indigenistas, antirracistas – são um desdobramento necessário e decisivo da luta de classe. Tais lutas são figuras da luta de classe. Não há contraposição alguma aqui, a não ser no sonho macabro de alguns liberais (assumidos ou não) que querem retirar dessas lutas sua potência efetiva de transformação global. Concretamente, isto significa, por exemplo, que a derrota na luta contra a reforma da previdência é, imediatamente, uma derrota da luta antirracista, pois são negros e negras que compõem um dos setores mais espoliados e precários do mundo do trabalho. São elas e eles que sentirão, de maneira mais forte, as consequências dessas políticas de concentração e destruição dos direitos trabalhistas. As derrotas na flexibilização dos direitos trabalhistas são derrotas da luta feminista, pois as mulheres serão as primeiras a sentir de forma violenta o significado de tal "flexibilização". O que o Chile nos mostrou é que, por exemplo, a luta feminista demonstra sua força máxima quando expõe sua dimensão de luta de classe contra o modelo econômico que nos destrói.

Ou seja, o fato de que a multiplicidade das lutas no Brasil não consegue convergir em um campo comum de combate às forças que espoliam os 99% é um signo fundamental de certa atrofia. Como a esquerda brasileira não tem nenhum horizonte concreto de transformação econômica, como ela teme dizer em alto e bom som que é anticapitalista, como ela é a última a realmente defender a necessidade de refundação da institucionalidade política nacional, como ela não consegue criar estruturas e organizações que sejam radicalmente democráticas, como ela não consegue mais criar solidariedade genérica com aqueles que "não são como nós", a esquerda nacional se viu obrigada a expor de forma isolada o único setor no qual ela tem capacidade de transformação. Assim, ela acabou por limitar a força efetiva dessas lutas, que são as verdadeiras lutas universalistas, pois insistem que o universalismo real não existe e não poderá existir enquanto marcadores específicos de violência e espoliação continuarem a ser naturalizados. Dessa situação, várias consequências de enfraquecimento político se seguem. Primeiro, a ação política corre o risco de se transformar – e há de se assumir a existência de tais riscos e pensar em como desativá-los – em mera experiência de autoexpressão, visando sua redução à realização de demandas de reparação e compensação – o que, no fundo, é uma redução da política à gestão social de demandas de amparo. Mesmo que tais demandas se expressem de forma violenta, elas se fundamentam na constituição e na procura de poderes capazes de ampará-las, de garantir o exercício de meu poder devido. Elas paradoxalmente reforçam o poder constituído. Por isso, elas tendem a ser demandas locais de modificação na estrutura legal, e não exigências globais de transformação dos modos de reprodução material da vida. Se muitas dessas ações encontram seu lugar natural na luta contra-hegemônica que se desdobra no seio do campo hegemônico da cultura no capitalismo, a saber, a indústria cultural, é porque há efetivamente o risco de domesticação das lutas. Ou seja, uma das formas fundamentais de domesticação das lutas por reconhecimento é fazer da indústria cultural o espaço privilegiado de seu exercício. O risco da lógica contra-hegemônica sempre foi esse, a saber, acabar por preservar o campo hegemônico e sua gramática estruturante.

De toda forma, não há movimento de luta sem risco de sua integração. Podemos mesmo dizer que "identitarismo" é um risco imanente a toda e qualquer luta política, sendo que não faz sentido algum aplicar tal termo apenas para uma forma específica de luta, como se faz atualmente de forma desonesta. Nada mais "identitário", por exemplo, do que o uso que vários setores da esquerda faziam da noção de "proletariado", quando nos levavam a crer que existiria uma "identidade" proletária, uma "cultura" proletária, uma "ciência" proletária, um "Estado" proletário, entre tantos outros. Ou seja, quando tentavam nos levar a esquecer que uma "classe dos desprovidos de classe" não pode existir como classe, mas visa a produzir o colapso nos modos de existência submetidos à noção identitária de classe.

Coda

Por fim, seria o caso de terminar este primeiro capítulo lembrando que a América Latina mostrou, e o Brasil em primeiro lugar, que, para a esquerda ter um sentido de existência, ela não deve ter medo de dizer seu nome. Aqueles que procuram reeditar a esquerda pregando uma política conciliatória de conquista do centro do espectro político, que temem introduzir novos temas políticos como o esvaziamento do Poder Legislativo e do Poder Executivo em prol de mecanismos de democracia direta, que temem introduzir novos temas econômicos, como justiça tributária radical, confisco de aparelhos produtivos para serem geridos pelos próprios trabalhadores, salário máximo, gestão coletiva de recursos públicos, de sistemas de créditos e patrimônios ecológicos, renda mínima, restrição do direito à propriedade privada têm os olhos voltados para um tempo que não existe mais. Eles já erraram demais para, daqui para frente, acreditarem poder liderar qualquer processo político efetivo.

É no interior deste contexto que devemos procurar compreender o caso brasileiro. Durante anos, o Brasil foi apresentado ao mundo como o grande modelo bem-sucedido de conciliação e crescimento, a ponto de ser vendido, pela imprensa conservadora mundial, como paradigma de novas tentativas de gestão da esquerda – a ser seguido, por exemplo, pela Grécia do Syriza. A história recente do Brasil será, pois, a história do colapso do último grande modelo de conciliação da democracia liberal. Coube ao Brasil a honra duvidosa de terminar um ciclo mundial de forma catastrófica. Coube ao Brasil realizar o que dizia T. S. Eliot: "É desta forma que o mundo termina, não com um estrondo, mas com um lamento". Não há razão alguma para fazermos a última volta suicida e tentarmos retornar, mais uma vez, ao mesmo modelo.

▪ UM PROBLEMA DE IMAGEM

*Quem aprendeu inicialmente a se curvar
e a inclinar a cabeça diante do "poder da história"
acaba, por último, dizendo "sim" a todo poder.*

Nietzsche

CADA ÉPOCA TEM SUA IMAGEM. Há momentos nos quais a essência de determinados tempos históricos encontra sua figura sensível. A ditadura militar teve, por exemplo, a figuração precisa de sua barbárie na foto de Vladimir Herzog enforcado em uma cela, com os joelhos dobrados quase tocando o chão. Demonstrava-se, assim, o descaso com qualquer princípio elementar de verossimilhança. O arbítrio não precisa ser verossímil, ele pode dizer que alguém morreu enforcado mesmo sendo materialmente impossível enforcar-se a uma distância tão pequena do chão. Na verdade, esta é essência mesma de uma ditadura: um regime no qual você deve acreditar que alguém morreu enforcado mesmo que uma foto demonstre exatamente o contrário.

Os primeiros quinze anos do século XXI também têm sua imagem paradigmática, ao menos no Brasil. Essa imagem é, paradoxalmente, uma repetição. Trata-se de Lula encarnando a figura de Getúlio Vargas, repetindo a foto que sintetizou o desejo de instauração do Brasil como Estado-nação economicamente independente. Lula vestindo um macacão da Petrobrás, sorrindo com as mãos sujas de petróleo. Mãos que prometiam aos brasileiros e ao mundo a emergência de uma potência reconciliada consigo mesma e com sua história. A autossuficiência em energia era apenas uma ocasião para o Brasil recuperar uma de suas maiores fantasias sociais: a da reconciliação social através do crescimento, da unidade e do progresso. Não foram poucos aqueles que anunciaram que o Brasil chegaria ao final de 2020 como a quinta economia do mundo, embalado por grandes investimentos feitos por ocasião da Copa do Mundo e das Olimpíadas. O sorriso de Lula reencarnando Vargas era a expressão máxima desse anúncio.

Que a primeira experiência de longa duração da esquerda brasileira no poder tenha afinal se realizado como uma reencarnação, isto deveria nos dizer muito. Alguém deveria ter se atentado para esse paradoxo aparente. Ao final, a história da esquerda brasileira no poder terá sido a história de uma mutação gradual na qual toda sua força de transformação foi, aos poucos, esvaindo-se para transmutar-se na força de ressurreição de espectros, como se acabássemos por nos encontrar no interior de um tempo no qual o passado nunca passa. Há, pois, de se lembrar sempre deste ponto: o Brasil é um país no qual mesmo as notícias de jornal parecem, muitas vezes, repetir notícias passadas. Um país preso à repetição compulsiva de seus próprios impasses.

Há, então, de se dizer as coisas às claras: a primeira experiência da esquerda brasileira no poder foi a repetição de uma estratégia populista de extração getulista. Seu fim melancólico e catastrófico é, na verdade, a expressão da impotência não da esquerda como horizonte de transformação social, mas do espectro que a colonizou quando esta alcançou o governo. Na verdade, tal história da esquerda no poder, que acaba por se encontrar no populismo, mas em um populismo estranhamente adaptado aos limites da democracia liberal, é a prova maior da premissa freudiana de que o tempo histórico é um tempo de espectros que ganham vida nos gestos de sujeitos que não sabem o que fazem porque repetem gestos imemoriais, assumem vestimentas antigas, falam como estivessem em uma outra cena. Os atores podem achar que estão apenas a fazer uma "citação" histórica, a usar a história como mera estratégia para aumentar decisões banais de governo e dar-lhes o ar de grandiosidade. No entanto, tais atores não estão usando nada, eles estão sendo inconscientemente usados por um processo de repetição histórica que reencenará batalhas e reconstruirá impasses. Se a esquerda quiser voltar a ter relevância no cenário nacional, há de se esconjurar certos espectros.

Mas uma afirmação como esta corre o risco de ficar sem sentido, já que "populismo" é um desses termos que podem dizer muitas coisas. Será necessário qualificar melhor o termo, explicar o que realmente queremos dizer com ele, pois é fácil reduzir o populismo a uma espécie de injúria, como se fosse a expressão da irracionalidade e do primado das identificações afetivas personalistas em política. Os liberais gostam de descrevê-lo como a explosão do irracional e do afeto em política, como se a democracia corriqueira fosse o domínio desencantado da razão. Eles precisam chamar de "populistas" todos os que expõem a irracionalidade da pretensa racionalidade econômica que eles vendem como inquestionável, criando, assim, um amálgama entre todas as forças de ruptura no interior do espectro político, sejam elas à esquerda ou à direita. Eles precisam dar a impressão de que todo apelo a um poder anti-institucional, a uma emergência da soberania popular é convite ao autoritarismo, como se as instituições que eles defendem não fossem a prova maior da impotência da vontade popular e do autoritarismo das oligarquias financeiras que as controlam. A maneira com que se usa o conceito de "populismo" atualmente é a prova maior de que eles anseiam por um povo mudo, prisioneiro de instituições que funcionam sob a lógica de interesses muito claros, normalmente daqueles que financiam as campanhas eleitorais dos "representantes" do povo.

Precisamos, contudo, de análises mais complexas, pois, por nunca ter sido capaz de pensar o populismo de forma adequada, em sua verdade e em sua falsidade, em sua potência e em sua fraqueza, em sua economia libidinal e em seu circuito de afetos, o Brasil nunca foi capaz de compreender a si mesmo, de compreender onde ele sempre fracassa e onde sempre perde a enorme energia de transformação que é capaz de acumular. Voltaremos várias vezes a este tema a fim de, pouco a pouco, esclarecer o que devemos entender por populismo nesse contexto. Mas comecemos por uma hipótese. Ela se enuncia da seguinte forma: falar da história política brasileira é, necessariamente, falar da permanência de um pêndulo. Este pêndulo tem uma força inaudita e conseguiu puxar todos os atores políticos para um de seus polos, transformando-os em repetições de atores passados.

Tal movimento pendular pode ser descrito através do par oligarquia/populismo. Ou seja, a história brasileira é uma oscilação contínua entre governos das oligarquias e o populismo. De fato, na Proclamação da República, o Brasil conseguiu rapidamente tecer um pacto de oligarquias locais que transformava a democracia em um regime de fachada. O afastamento do núcleo positivista da república e seus militares permitiu ao Brasil se consolidar como um país de oligarcas, com seus votos de cabresto, seus coronéis que passavam cargos públicos de pai para filho, sua gestão da inércia, da concentração de riquezas e do imobilismo social através da violência bruta contra toda emergência possível de lutas populares. Greves tratadas como crimes, manifestações populares vistas como distúrbios da ordem pública: parece que estamos falando dos dias de hoje, mas isto era a República Velha. Enquanto isso, a imprensa cobria toda a pantomima como se aquela associação de latifundiários fosse uma verdadeira república.

O compositor francês Jacques Offenbach compôs, no final do século XIX, uma ópera bufa chamada *A vida parisiense*. Mais do que uma opereta razoável, a peça de Offenbach é um documento sobre os brasileiros e como nossas oligarquias imperiais eram vistas na época. Em dada altura da peça, que é uma história de festas e amores da alta burguesia francesa, aparece um brasileiro. Ele canta: "Eu sou brasileiro/ Eu tenho ouro/ Venho do Rio de Janeiro/ Mais rico que antes/ Paris, retorno mais uma vez". Ouro na mala, diamantes na camisa, o brasileiro canta como passou seis meses de esbórnia, esbanjando até não ter mais nada. "Pobre e melancólico", ele retorna à sua jovem América para roubar mais uma fortuna e gastá-la novamente em Paris. De fato, nada melhor do que uma ópera bufa parisiense para explicar o que era o Brasil: um país cujo Estado tinha como única função real conservar os rendimentos de uma elite rentista e perdulária, com seu consumo conspícuo, enquanto sua população permanecia paralisada em meio à miséria. Não é surpreendente que tal imagem pareça tão atual.

Foi o populismo varguista que quebrou essa república de oligarcas e fez o pêndulo da história brasileira ir para seu outro polo. Para o bem ou para o mal, foi Vargas quem fez, pela primeira vez, a incorporação de massas populares ao processo político. O filósofo argentino Ernesto Laclau foi um dos poucos a conseguirem escapar da desqualificação genérica do populismo, ao mostrar como este descrevia uma característica fundamental da democracia – a saber, a capacidade de incorporação, através da construção do "povo", de classes sempre expulsas do poder.[11] O populismo

---

[11] LACLAU, Ernesto. *A razão populista*. São Paulo: Três Estrelas, 2014. Discuto mais detidamente a hipótese de Laclau nos dois primeiros capítulos de SAFATLE, Vladimir. *O circuito dos afetos: corpos políticos, desamparo e o fim do indivíduo*. Belo Horizonte: Autêntica, 2016.

é uma forma de emergência do povo como sujeito político, de constituição de corpos políticos populares, mas não é a única forma. Na verdade, na lógica do populismo, este processo cobra um preço alto que é constantemente diferido até chegar a um momento no qual a conta simplesmente não pode ser paga. E quando fica claro a todos que a conta não pode ser paga, o sentimento de frustração e agressividade contra as próprias lideranças no poder se torna insuportável.

Digamos, então, que a especificidade da emergência do povo como sujeito político no populismo vem do fato de sua incorporação ser feita através de um pacto frágil entre várias demandas sociais contraditórias, vindas de setores antagônicos. Tais demandas são integradas em uma cadeia de equivalência cujo "ponto de basta", ou seja, cujo eixo de significação será dado pelo líder. Assim, por exemplo, Vargas integrou várias camadas da população ao campo dos atores políticos, mas colocando suas demandas no interior de uma série de significantes na qual se encontravam também demandas da burguesia nascente, das oligarquias descontentes com os pactos paulistas, das forças armadas, entre outras. Consolidava-se, assim, outra pendularidade no interior da qual demandas populares e exigências de oligarcas precisavam agora conviver, seus conflitos precisavam agora ser diferidos através de um impressionante balé político feito de avanços e recuos. Não por outra razão, dizia Vargas: "Meu problema não são meus inimigos, mas meus aliados". Por ser o ponto de convergência de demandas contraditórias, o poder deve ser ocupado por um significante vazio, que parece poder ser preenchido pelos mais diversos conteúdos por não denotar nenhuma referência específica. Isto permitia que Vargas se transformasse em referência tanto para a esquerda quanto para conservadores, tanto para democratas quanto para simpatizantes do fascismo. Mas é claro que há um limite da estratégia. Enquanto há espaço para crescimento, o conflito entre demandas pode ser diferido e todos têm a sensação de estarem ganhando algo. Quando o crescimento trava, a inércia cresce até a implosão do consórcio de governo – uma implosão que, normalmente, é capitaneada pelo próprio setor oligarca incorporado à série populista. Ao sair do governo em 1945, Vargas dará lugar a seu próprio ministro da Guerra, representante da ala conservadora que negociara com o nazismo: Eurico Gaspar Dutra. Já Lula verá o projeto que ele representava ser golpeado pelo próprio vice-presidente de Dilma Rousseff.

Se aceitarmos tal leitura, diremos que a grande característica dos anos 1945-1964 foi a autonomia lenta e crescente das demandas populares em relação ao quadro de controle e de paralisia do populismo, mesmo que o Brasil sempre tenha sofrido de incapacidade de constituir processos de forte densidade eleitoral fora desse quadro. Há de se lembrar como o possível candidato da esquerda mais radical à eleição abortada de 1965 era Leonel Brizola, herdeiro direto do getulismo. Era o problema da emergência das organizações de larga escala fora do modelo populista de incorporação que se mostrava – e até hoje se mostra – como limite da imaginação política brasileira.

De toda forma, essa autonomia lenta alimentou-se do cenário mundial de radicalização das lutas populares, com suas revoluções vitoriosas, assim como da hegemonia mundial da esquerda no campo cultural das ideias, do abalo constante do sistema de formas tradicionais de vida. Como disse anteriormente, o Brasil age, muitas vezes, como se fosse a maior ilha do mundo, tentando explicar sua dinâmica política única e exclusivamente a partir de si mesmo, mas ele depende do espírito do mundo para conseguir, de fato, avançar. E foi isso que ocorreu no período pós-Segunda Guerra: a dinâmica dos processos mundiais levou o pacto populista brasileiro a um ponto de não retorno, algo que o Chile conseguiu realizar no começo da década de 1970 através do governo de Salvador Allende, com sua combinação inovadora de socialismo e democracia.

Foi contra a realização possível desse horizonte de transformação que as oligarquias se associaram aos militares para impor uma ditadura civil-militar. Durante vinte anos, o Brasil foi submetido a uma política econômica de alta concentração de renda, a um regime corrupto no qual a classe empresarial financiava aparelhos de tortura e terrorismo de Estado e onde cargos públicos eram distribuídos a banqueiros e empresários (por exemplo, Olavo Setúbal, o banqueiro do Itaú, foi prefeito de São Paulo, cargo que lhe foi dado pelos militares por sua participação ativa na ditadura). Ou seja, a ditadura militar brasileira não era exatamente uma ditadura militar, mas uma associação civil-militar para o retorno do sistema de coronelato e oligarquias locais.

E então veio a Nova República. Nada de nossa situação atual é compreensível sem reanalisarmos o que foi o modelo de redemocratização infinitamente diferido da Nova República, como ela dizimou a força de transformação acumulada desde o golpe militar. Proponho fazer isso no próximo capítulo, até porque se trata de defender a tese de que nos encontramos, hoje, diante de um triplo esgotamento: um esgotamento da Nova República como era histórica; um esgotamento do lulismo como modelo de desenvolvimento econômico e social; assim como um esgotamento da esquerda brasileira em sua tentativa de constituir uma saída para além do pêndulo oligarquia/populismo.

A terceira imagem

Porém, antes de entrarmos nessa proposta de diagnóstico, há que se lembrar que os últimos quinze anos da história brasileira tiveram ainda uma terceira foto paradigmática e ela talvez represente o prenúncio de uma história que ainda não existiu. Tal foto não é uma repetição, não é o retorno de um espectro a colonizar o presente. Ao contrário, é a imagem do que nunca fora visto na história brasileira, do que sempre esteve em latência sem nunca subir à cena principal do político. De certa forma, a história brasileira, para além da repetição infindável de seus impasses, passará necessariamente por essa foto: trata-se da foto do Palácio do Itamaraty em chamas. Nesse momento, as ruas das principais cidades brasileiras começaram a queimar.

Esta foto representa, pela primeira vez na história brasileira, a emergência de uma revolta sem comando nem controle com força suficiente para destituir o poder. Lembremos mais uma vez daquele momento: estamos em 2013, no meio da maior manifestação de revolta popular da história brasileira. À sua maneira, ela repete uma sequência de revoltas populares que correram o mundo, de Túnis a Santiago, de Istambul a Nova York, de Madrid a Tel Aviv, do Cairo à Islândia. Estas foram as primeiras revoltas a anunciar o fim da democracia liberal. No Brasil, ela pegou a esquerda desprevenida, enfraquecida e acomodada à ilusão de perpetuação infinita no poder. Por isso, uma parte da esquerda preferiu abraçar o discurso de desqualificação da revolta, o que a livraria de ter que encarar sua própria obsolescência e envelhecimento. O preço de tal covardia, travestida da ideia de que apenas o que pode ser representado pode existir politicamente, foi caro.

A foto tem sua ironia. Pouco antes, a massa estava enfurecida diante do Congresso Nacional, ameaçando quebrá-lo. A Polícia Militar tenta impedir, mas não consegue fazer nada melhor do que empurrar a massa para o lado, fazendo com que sua fúria destrua o primeiro edifício público à frente: o Palácio do Itamaraty. Como disse, a foto não deixa de ter sua ironia. Ela mostra a destruição de um substituto. Para salvar o Congresso com seus oligarcas, outro objeto é oferecido para ser sacrificado em um ritual de expiação da revolta. Esta estratégia será utilizada uma segunda vez, de maneira simbólica e bem-sucedida, no golpe de 2016.

Mas essa imagem não será apenas a expressão de uma armadilha criada de forma astuta por uma oligarquia exímia na arte de se perpetuar. Ela será o eixo dos últimos anos da história brasileira em outro sentido, mais forte, pois a fúria popular contra o Itamaraty era a encarnação do verdadeiro medo que sempre assombrou este país – a saber, o medo da insurreição de uma massa amorfa e descontrolada, de uma força negadora bruta, que encarnaria todas as décadas e séculos de revolta muda e surda. Uma força que não se submeteria mais ao poder do Estado, à lógica de suas representações. Em outras palavras, uma expressão acabada da clássica ideia de Maquiavel: quando o povo fala e sobe à cena da política, ele diz simplesmente "não", sem mais qualquer atributo.[12] *Uma negação sem predicações é e sempre será o começo da verdadeira política.*

---

[12] "Porque o objetivo do povo é mais honesto do que o dos grandes: estes querem oprimir, aqueles não querem ser oprimidos"

Esta insurgência, com sua negação bruta, que pareceu ser uma ferida aberta que poderia não mais parar de sangrar, foi o motor que levou parcelas da população brasileira a, depois de 2013, reagir e abraçar de forma cada vez mais descomplexada os discursos protofascistas de ordem e de justificação da violência estatal. Tal resultado pode parecer paradoxal, mas não será a primeira vez na história que as latências de uma revolta popular dão espaço à emergência de um sujeito reativo. Já em outras manifestações de junho – a saber, as de 1848 –, Marx percebera como a revolta popular produzira, ao final, a incorporação de parcelas do povo não em um proletariado com força revolucionária, mas em um símile obscuro, um *lumpemproletariado*.[13] Este lumpemproletariado, longe de ser um verdadeiro sujeito de transformações, como alguns teóricos políticos atuais procuram acreditar, será responsável por transformar a negação e sua força de abertura em direção ao que ainda é impredicado em demanda de uma ordem mais brutal e cínica que iria emergir com a ascensão de Napoleão III.

Neste sentido, notemos como foi o medo da potência de abertura de uma negação bruta que deu carta de alforria ao fascismo nacional. Até 2013, a adesão a figuras como Jair Bolsonaro, ao culto da ditadura militar e ao discurso

---

(MAQUIAVEL. *O Príncipe*. São Paulo: Atena, 1957. p. 60). Ou seja, a emergência do desejo popular é negativa, trata-se do desejo de não ser oprimido. Uma negação que, se incorporada, pode ser portadora de transformações.

[13] Ver MARX, Karl. *O 18 do brumário de Luis Bonaparte*. São Paulo: Boitempo, 2017.

abertamente violento era residual. A força que tal adesão ganhou é resultado de uma reação; ela é a constituição de um sujeito reativo que emerge como efeito colateral de todo verdadeiro acontecimento.[14] Que seja apenas um sujeito reativo aquele que até agora emergiu, isto demonstra como *a esquerda brasileira não estava pronta para a revolta*. Ela não foi capaz de nomear novos sujeitos políticos diante do colapso evidente do lulismo. Por tal razão, por mais que isso possa soar a alguns como uma constatação dolorida, essa esquerda precisava morrer.

A esquerda que tínhamos até então – e tal diagnóstico não se resume a um partido específico, mas a todos os atores constituídos – não estava à altura das exigências do tempo presente. Contudo, qualifiquemos melhor esta afirmação, pois sempre que alguém insiste no descompasso entre a esquerda e o presente é para expressar um sentimento inconfesso de demissão, um desejo incontrolável de abraçar os pressupostos liberais e garantir seu lugar na fila das benesses dos que aprenderam o que alguns chamam de "os fundamentos da economia". Não, a esquerda não estava à altura das exigências do tempo presente porque ela tinha medo de dizer seu nome, de operar no interior de lutas de classes (já que o lulismo representou apenas a transformação da luta de classe em discurso estratégico a ser mobilizado em momentos de fraqueza do poder), de constituir o campo genérico de identificação proletária, de romper com o modelo de acumulação baseada

---

[14] Sobre a noção de sujeito reativo, ver principalmente BADIOU, Alain. *Logiques des mondes*. Paris: Seuil, 2010.

na predominância dos interesses financeiros, de sair das dinâmicas de representação e avançar em direção à implementação de mecanismos de democracia direta, de fazer a crítica da cultura da anestesia que invade a vida de todos via consumo maciço de produtos da indústria cultural, de abandonar suas estruturas de organização dirigistas, centralistas, hegemonistas. Esta esquerda, o último ator a confiar no sistema moribundo de gestão de conflitos próprio à democracia liberal, precisava morrer. Ela acabou, embora nem sempre o que acaba desaparece.

■ O ESGOTAMENTO DA NOVA REPÚBLICA

O pavor é muito maior com o desaparecimento
do que com a morte. A morte, não, você vê o cadáver do cara,
acabou. Não tem mais o que pensar nele.
O meu destino, se eu falhar, vai ser esse.
Já quando você desaparece – isso é ensinamento estrangeiro –
você causa um impacto muito mais violento no grupo.
Cadê o fulano? Não sei, ninguém viu, ninguém sabe.
Como? O cara sumiu como?

Paulo Malhães [15]

Governar é fazer desaparecer

O Brasil é, acima de tudo, uma forma de violência.
Nunca entenderemos o Brasil se não compreendermos o
tipo de violência que funda seu Estado, pois entender como
o Estado brasileiro funciona é entender como ele administra
uma guerra civil dissipada.

---

[15] Depoimento à Comissão Estadual da Verdade do Rio de Janeiro, em 18
de fevereiro de 2014. Arquivo CNV, 00092.002760/2014-83.

Insistamos, inicialmente, em algumas especificidades da situação brasileira. Como lembrará Celso Furtado, o Brasil foi um país criado a partir da implementação da célula econômica do latifúndio escravagista primário-exportador em solo americano.[16] Antes de ser uma colonização de povoamento, tratava-se de desenvolver, pela primeira vez, uma nova forma de ordem econômica vinculada à produção exportadora e ao uso massivo de mão de obra escravizada. Lembremos de como o império português será o primeiro a se engajar no comércio transatlântico de escravos, chegando à posição de quase monopólio em meados do século XVI. Trinta e cinco por cento de todas as pessoas escravizadas transportadas para as Américas foram direcionadas para o Brasil. Sendo o latifúndio escravagista a célula elementar da sociedade brasileira, sendo o Brasil o último país americano a abolir a escravidão na América Latina, não será estranho conceber o país como o maior experimento de necropolítica colonial da história moderna.

Tal característica permitiu ao Estado brasileiro desenvolver uma tecnologia de desaparecimento, extermínio e execução de setores vulneráveis da população (indígenas, pobres, pretos) que se demonstrará resiliente no interior de sua história, criando as condições técnicas para a gestão de uma "contrarrevolução permanente".[17] Essa tecnologia se

---

[16] FURTADO, Celso. *Formação econômica do Brasil.* São Paulo: Companhia das Letras, 2020.

[17] Ver FERNANDES, Florestan. *A revolução burguesa no Brasil: ensaio de interpretação sociológica.* Rio de Janeiro: Editora Guanabara, 1987.

desenvolverá de forma exponencial na ditadura civil-militar (1964-1984) através do uso sistemático de técnicas de "desaparecimento forçado" contra opositores do regime, em uma adaptação das práticas de "guerra revolucionária" desenvolvidas nas lutas coloniais na Indochina e na Argélia.[18] Como o Brasil foi um dos raros casos na América Latina de países sem justiça de transição e julgamento de crimes da ditadura militar, tais dispositivos puderam permanecer nas práticas normais dos aparatos policiais do Estado durante o período pós-ditadura até os dias atuais.[19] Como exemplo do impacto de tal permanência, o Brasil será o único país na América Latina onde os casos de tortura policial aumentarão em relação aos casos na época de ditadura militar.[20]

Nesse sentido, o funcionamento normal do Estado brasileiro se desdobra como a gestão de uma guerra civil dissipada. E um dos eixos principais de tal gestão está o recurso conjunto à violência e ao apagamento da violência. Com uma mão, ele massacra parte da população através de seu aparato policial, a encarcera em um espaço de não-direito, permite a criação de zonas urbanas e rurais de anomia nas quais a violência e a morte são invisíveis, nas quais os

---

[18] Ver DUARTE-PLON, Leneide. *A tortura como arma de guerra: da Argélia ao Brasil.* Rio de Janeiro: Civilização Brasileira, 2016; FRANCO, Fábio. *Governar os mortos.* São Paulo: Ubu, 2021.

[19] Ver SAFATLE, Vladimir; TELLES, Edson. *O que resta da ditadura?.* São Paulo: Boitempo, 2010.

[20] SIKKINK, Kathryn; MARCHESI, Bridget. Nothing but the Truth: Brazil's Truth Commission Looks Back. *Foreign Affairs*, 26 fev. 2015.

corpos desaparecem sem deixar rastros. Sobre esta parte da população, o Estado não tem apenas o direito de vida e morte: ele tem o direito de desaparecimento. Porque o eixo fundamental do processo de gestão é gerir a invisibilidade. Sobre essa violência não haverá marcas, não haverá nomes, não haverá imagens, não haverá afeto nem identificação.

Com outra mão, o Estado brasileiro promete a uma parcela amedrontada, reunida em condomínios fechados, que ele será ainda mais duro contra o crime. Assim, governa-se gerindo a invisibilidade e alimentando uma dinâmica de guerra civil. Alguns países criam unidade através da guerra e da constituição do inimigo externo. O Brasil cria coesão através da constituição de inimigos internos. Por isso, o Brasil não precisa de inimigos. Desde o tempo em que se constituiu através de genocídios indígenas nunca reconhecidos enquanto tais, ficou claro que ele próprio já era o seu pior inimigo.

Notemos ainda que a violência brasileira se dirige àquilo que entendemos por "pessoas" (como condição para o aprofundamento da espoliação), e àquilo que entendemos por "coisas" (através de uma colonização da natureza à lógica da propriedade). O Brasil é uma das últimas grandes fronteiras mundiais de apropriação de terra e de colonização interna. Se somarmos Unidades de Conservação ambiental e Territórios indígenas, teremos 30,2% do país definido como área protegida (Fonte: Embrapa, dados de 2017). Isso significa que se tratam de áreas protegidas da propriedade privada, já que os povos originários não se veem como "proprietários". Mas se somarmos vegetação nativa em Unidades de Conservação, em Terras indígenas, em terras devolutas e não cadastradas, além de vegetação preservadas nos imóveis rurais teremos 66,3% de vegetação nativa (segundo cálculos do Gite/Embrapa de 2017). Certamente, esse número mudou nos últimos anos, e os dados governamentais são obscuros. Mas isso não modifica o dado fundamental, a saber, que no Brasil se perpetua a ilusão de que terra e trabalho são duas fontes inesgotáveis de riqueza, que podem ser exploradas até o infinito. Dessa forma, a reflexão sobre o Brasil exige a compreensão de horizontes privilegiados de acumulação primitiva que podem, a qualquer momento, flertar com os níveis mais abertos de violência.

Não será um acaso que tal lógica encontrará sua forma mais bem-acabada de governo na ditadura militar brasileira (1964-1984). O mesmo governo que "desbravava" a Amazônia como quem estava vencendo um "inferno verde". O mesmo governo que vencia o "inferno verde" enquanto combatia o "inferno comunista".

A violência da imagem da propaganda acima reverbera a violência secular que funda o colonialismo interno brasileiro. Essa violência nunca desapareceu, mas teve na ditadura militar um momento importante de consolidação de seus aparatos. Consolidação de que mostrou invulnerável, mesmo em tempos de "redemocratização". Este é um dos pontos mais impressionantes dos últimos trinta anos no Brasil: a maneira como suas políticas de desaparecimento e extração violenta permaneceram, seja sob os governos FHC, seja sob os governos Lula e Dilma. Não foi apenas uma lógica de "segurança nacional" que ficou imune a toda revisão. Foi a natureza do Estado brasileiro e de seu direito de vida e morte sobre a população, com seu direito de expansão, que pairou para além das modificações político-eleitorais. Os governos passaram, mas a gestão dos desaparecimentos ficou.

Essa lógica de desaparecimentos, por sua vez, assenta-se na aceitação tácita de uma "distinção ontológica" que se demonstrará extremamente resiliente, conservando-se mesmo após o ocaso do colonialismo como forma socioeconômica. Ela consiste na consolidação de um sistema de partilha entre dois regimes de subjetivação: um permite que sujeitos sejam reconhecidos como "pessoas", o outro leva sujeitos a serem determinados como "coisas".[21] Aqueles sujeitos que alcançam a condição de "pessoas" podem ser reconhecidos como portadores de direitos vinculados, preferencialmente,

---

[21] A respeito da distinção ontológica entre "pessoas" e "coisas" nas relações escravagistas, ver ESPOSITO, Roberto. *As pessoas e as coisas*. São Paulo: Rafael Copetti Editor, 2016.

à capacidade de proteção oferecida pelo Estado. Como uma das consequências, a morte de uma "pessoa" será marcada pelo dolo, pelo luto, pela manifestação social da perda. Ela será objeto de narrativa e comoção. Já os sujeitos degradados à condição de "coisas" (e a degradação estruturante se dá no interior das relações escravagistas, embora ela normalmente permaneça mesmo depois do ocaso formal da escravidão) serão objetos de uma morte sem dolo.[22] Sua morte será vista como portadora do estatuto da degradação de objetos. Ela não terá narrativa, mas se reduzirá à quantificação numerária que normalmente aplicamos às coisas. Aqueles que habitam países construídos a partir da matriz colonial sabem da normalidade de tal situação quando, ainda hoje, abrem jornais e leem: "9 mortos na última intervenção policial em Paraisópolis"; "85 mortos na rebelião de presos de Belém". A descrição se resume normalmente a números sem história.

Não é difícil compreender como essa naturalização da distinção ontológica entre sujeitos através do destino de suas mortes é um dispositivo fundamental de governo. Ele perpetua uma dinâmica de guerra civil não declarada através da qual aqueles submetidos à espoliação econômica máxima, às condições mais degradantes de trabalho e remuneração são paralisados em sua força de revolta pela

---

[22] "Na verdade, a condição de escravo é resultado de uma tripla perda: perda de uma 'casa', perda do direito sobre seu corpo e perda de estatuto político. Essa tripla perda é idêntica à dominação absoluta, alienação natal e morte social" (MBEMBE, Achille. Necropolitics. *Public Culture,* v. 1, n. 15, p. 21, 2003).

generalização do medo diante do extermínio de Estado.[23] Tal generalização é, assim, o braço armado de uma luta de classe para a qual convergem, entre outros, marcadores evidentes de racialização, pois trata-se de fazer passar tal distinção ontológica no interior da vida social e de sua estrutura cotidiana. Os sujeitos devem, a todo momento, perceber como o Estado age a partir de tal distinção, como ela opera explicitamente e em silêncio.

Nesse sentido, notemos como tal dinâmica necropolítica responde, após o ocaso das relações coloniais explícitas, às estratégias de preservação de interesses de classe nas quais o Estado age, diante de certas classes, como um "Estado protetor", enquanto age diante de outras como um "Estado predador".[24] Em suma, há de se insistir em como essa política aparece, assim, enquanto dispositivo de preservação de estruturas de paralisação de luta de classes, normalmente mais explícita em territórios e países marcados pela centralidade de experiências coloniais. Por isso, há de se lembrar que não são apenas regimes totalitários (seja lá o que isso possa significar) que se fundam a partir da administração do extermínio e do assassinato de Estado. Sobretudo em países como o Brasil e países da América Latina e África, não é possível compreender o poder sem passar pela consolidação das forças policiais e parapoliciais como aparatos de execução

---

[23] Sobre o tópico da guerra civil como situação social "normal", ver sobretudo PELBART, Péter Pal. Da guerra civil. *Arquivos Brasileiros de Psicologia*, v. 70, 2018.

[24] Sobre a figura do "Estado predador" ver, por exemplo: CHAMAYOU, Grégoire. *La chasse à l'homme*. Paris: La fabrique, 2010.

extrajudiciária constante, mas, principalmente, sem passar pelo Estado como instância de desaparecimento.

Silenciando até as filhas e filhos

Neste sentido, lembremos de como os fascistas fizeram de Auschwitz o paradigma da catástrofe social. Contra isso, o século XX cunhou o imperativo "fazer com que Auschwitz nunca mais ocorra". Mas podemos nos perguntar: o que exatamente aconteceu em Auschwitz que sela este nome com o selo do que nunca mais pode retornar? Todos conhecem a resposta padrão: Auschwitz é o nome do genocídio industrial, do projeto de eliminação de todo um povo. Infelizmente, a história conhece a recorrência de barbáries desta natureza.

A dimensão realmente nova de Auschwitz não está no desejo de eliminação, mas no desejo sistemático de apagamento do acontecimento, de desaparecimento. Há de se ouvir mais uma vez esta frase trazida pela memória de alguns sobreviventes dos campos de concentração, frase que não terminava de sair da boca dos carrascos: "Ninguém acreditará que fizemos o que estamos fazendo. Não haverá traços nem memória". Um crime perfeito, sem rastros, sem corpos, sem memória. Só fumaça que se esvai no ar das câmaras de gás.

Neste sentido, Auschwitz teve o triste destino de explicitar, em lente de aumento, o núcleo duro de todo autoritarismo, pois o autoritarismo não é apenas fundado na violência estatal contra setores da população que questionam a legalidade do poder. Ele é fundado nessa violência muito mais brutal do que a eliminação física: a violência da eliminação simbólica. Como dizia Lacan, a morte simbólica pode ser mais dura que a morte física.

Não é por outra razão que, no momento em que a experiência da democracia ateniense começava a chegar ao fim, o espírito do povo produziu uma das mais belas reflexões a respeito dos limites do poder. Ela é o verdadeiro núcleo do que podemos encontrar nesta tragédia que não cessa de nos assombrar – a saber, *Antígona*.

Muito já foi dito a respeito desta tragédia, em especial de seu pretenso conflito entre as leis da família e as leis da *polis*. Mas eu diria que no seu seio pulsa a seguinte ideia: o Estado deixa de ter qualquer legitimidade quando mata pela segunda vez aqueles que foram mortos fisicamente, o que fica claro na interdição legal de todo e qualquer cidadão enterrar Polinices, de todo e qualquer cidadão reconhecê-lo como sujeito, a despeito de seus crimes. Pois não o enterrar só tem um significado: não acolher sua memória através dos rituais fúnebres, anular os traços de sua existência. Uma sociedade que transforma tal desaparecimento em política de Estado, como dizia Sófocles, prepara sua própria ruína, elimina sua substância moral. Não tem mais o direito de existir enquanto Estado. E é isto que acontece a Tebas: ela sela seu fim no momento em que não reconhece mais os corpos dos "inimigos do Estado" como corpos a serem velados.

É desta forma que algo de fundamental do projeto nazista e de todo e qualquer totalitarismo mais brutal alcançou sua realização plena na América do Sul. A Argentina forneceu uma imagem perfeita dessa catástrofe social: o sequestro de crianças de desaparecidos políticos. Porque a morte física só não basta. Faz-se necessário apagar os traços, impedir que aqueles capazes de portar a memória das vítimas nasçam. E a pior forma de impedir isso é entregando os filhos das vítimas aos carrascos. Não são apenas os corpos que desaparecem, mas os gritos de dor que têm a força de cortar o contínuo da história.

Mas há uma situação ainda pior, pois podemos nos lembrar de como a Argentina conhecerá uma extensa justiça de transição. Da mesma forma, no Chile, carrascos como Manuel Contreras foram condenados à prisão perpétua, as forças armadas se viram obrigadas a fazer um *mea culpa* pela implementação de uma ditadura militar. O único país que realizou de maneira bem-sucedida essa profecia – a da violência sem trauma aparente – foi o Brasil.

É importante lembrar disso mais uma vez, porque nossa "redemocratização", a constituição do que chamamos de "Nova República" foi baseada na tese de que o esquecimento dos "excessos" do passado seria o preço doloroso, mas necessário, a ser pago para garantir a estabilidade democrática eliminando o trauma da violência estatal – uma violência que aparentemente não teria recorrido à morte sistemática, haja vista os números menores de mortos e desaparecidos se comparados a outras ditaduras latino-americanas. No entanto, esses números escondem uma violência ainda mais brutal, pois não significa nada dizer que a ditadura brasileira teria matado menos do que vários de seus congêneres latino-americanos. Ela matou menos porque havia alcançado um grau de violência que fez desse tipo de brutalidade algo desnecessário, já que ela foi capaz de aprimorar um regime de violência que outras sequer imaginaram ser possível: a violência da certeza da onipotência de um Estado que administra a morte enquanto assina tratados internacionais contra a tortura, que apaga os rastos, que opera por desaparecimento e continuará a operar, seja sob uma ditadura, seja sob uma "democracia". Uma estrutura imóvel no tempo, resistente a toda e qualquer mudança, indestrutível. Um Leviatá descontrolado sob a capa do Estado de direito.

O resultado é inapelável. Nenhum outro país protegeu tanto seus torturadores, permitiu tanto que as forças armadas conservassem seu discurso de salvação através do porrete, integrou tanto o núcleo civil da ditadura aos novos tempos de redemocratização quanto o Brasil. Por isso, atualmente nenhum outro país latino-americano teve um colapso tão brutal de sua "democracia" como o nosso, com uma polícia militar que age como manada solta de porcos contra a própria população que paga seus salários. Nenhum outro país latino-americano precisa conviver com um setor protofascista da classe média a clamar nas ruas por "intervenção militar", a ponto de invadir o plenário do Congresso Nacional com suas bandeiras. Nenhum outro país precisa conviver atualmente com um contingente de 7.000 militares no primeiro e no segundo escalão do governo federal. Tudo isto demonstra algo claro: a ditadura brasileira venceu. Como um corpo latente sob um corpo manifesto, ela se conservou.

Acordos nacionais de si para consigo mesmo

Toda retomada da imaginação política no Brasil passa por uma meditação sobre a Nova República enquanto expressão das ilusões nacionais de uma sociedade capaz de superar seus conflitos sem nunca, de fato, encará-los. A volta da imaginação política no Brasil passa pelo fim das ilusões de conciliação e pela compreensão das causas do fracasso de nossa "redemocratização infinita", pois há de se lembrar como o fim da ditadura foi feito não através de um acordo, mas de uma verdadeira capitulação das forças democráticas a um modelo de conciliação política que serviu para paralisar todo ímpeto mais profundo de mudança. Modelo este que serviu apenas para degradar todo ator político que ganhasse o comando do país, qualificando-se eleitoralmente como gestor dos novos consórcios de poder.

Lembremos dos momentos principais desse processo histórico. Com a derrota das Diretas Já e a confirmação de um pacto entre PMDB (antigo Partido do Movimento Democrático Brasileiro, atual MDB – Movimento Democrático Brasileiro) e PFL (antigo Partido da Frente Liberal, atual Democratas), estava selada a "governabilidade" entre nós. Ela se fundaria na conciliação contínua com um setor de desertores da ditadura, na gestão de seus interesses fisiológicos locais, na conservação de seus direitos oligárquicos e, principalmente, no bloqueio de toda tentativa de julgar o que eles fizeram e continuarão a fazer. A Nova República foi fundada na exigência de integrar o arcaísmo ao poder, com suas relações empresarias espúrias e suas blindagens midiáticas. Definida esta exigência de conciliação, criou-se uma espécie de centro de gravidade do poder que tragava todos os ocupantes do Palácio do Planalto para o mesmo lugar. Foi este bloqueio político que paralisou as possibilidades sociais e econômicas brasileiras.

Esse sistema de travas tinha como um de seus fundamentos a Lei da Anistia, imposta pelos militares em uma votação na Câmara dos Deputados na qual o governo contou apenas com os votos de seu próprio partido. Lembremos deste fato: a lei proposta pelo governo recebeu 206 votos favoráveis (todos da Arena) e 201 votos contrários de um Congresso cuja composição era resultado de uma série de casuísmos e constituído por vários parlamentares biônicos (escolhidos de forma indireta). *206 contra 201: a isto se chamou "conciliação"*. Eis algo tipicamente brasileiro: uma conciliação baseada em uma lei imposta, que recebeu votos apenas dos membros do partido que a propôs. Tal lei, que nunca mais será questionada, livrava da cadeia aqueles que haviam participado de terrorismo de Estado, enquanto lá deixava os membros da luta armada que haviam se envolvido em "crimes de sangue". É sempre bom lembrarmos: vários participantes da luta armada não foram beneficiados pela Lei da Anistia, tendo permanecido presos mesmo depois de 1979. A maioria desses presos começou a ser liberada a partir de 1981 devido a uma decisão judicial de comutação das penas. O que significa que, de maneira precisa, a Lei da Anistia simplesmente não existiu para os participantes da luta armada envolvidos em crimes de sangue.

Na verdade, a Lei da Anistia tinha como finalidade maior criar no país a ideia de que ações "revanchistas" deveriam ser desqualificadas, já que a "conciliação" havia sido "negociada". Isto significava, entre outras coisas, que deveríamos nos acostumar com a presença dos que geriram o país durante o período ditatorial. Eles não iriam desaparecer, suas ações não seriam alvos de julgamento. Na verdade, eles seriam os grandes fiadores da Nova República. Ou seja, a Lei da Anistia foi o fundamento normativo dos modelos de gestão social e governabilidade que nos acompanharam nas últimas décadas. Sua perpetuação foi a chave da paralisia social brasileira. Mas nos lembremos mais uma vez de como a colonização das forças de transformação social se deu, pois foi um processo lento, como uma sequência de dominós que caem, uma peça após a outra.

Pequena história da desintegração da esquerda brasileira

Nos primeiros anos da Nova República, três grupos acabaram por ocupar o espaço da esquerda nacional: o trabalhismo de Brizola e seu PDT (Partido Democrático Trabalhista), a "social-democracia" tucana, além do PT e sua aliança com intelectuais, sindicalistas e setores progressistas da Igreja Católica vinculados à Teologia da Libertação. Durante certo tempo, foi Brizola quem apareceu como o setor eleitoralmente mais consistente da esquerda, com seu enraizamento no Rio de Janeiro e no Rio Grande do Sul. Ele representava o maior medo dos militares, pois sua vitória significaria recompor certa conexão com o movimento trabalhista dos anos 1960, o mesmo que a ditadura quis dizimar. Isto implicaria no retorno a um modelo de incorporação das massas à cena política baseado na força do populismo de Vargas e sua desestabilização do governo das oligarquias.

Em seu governo no Rio de Janeiro, entre 1982 e 1987, Brizola foi capaz de algumas realizações notáveis, mesmo que não tenha conseguido fazer seu sucessor, o então vice-governador Darcy Ribeiro. Na eleição presidencial de 1989, Brizola chegou a ser um dos favoritos, mas a consolidação do PT como voto da classe trabalhadora organizada retirou-lhe as condições para ir ao segundo turno. Seu personalismo afastou sistematicamente todos os que poderiam colaborar para a consolidação de seu partido. Não lhe restou outra coisa senão o ocaso. Entretanto, como gostaria de insistir, seu trabalhismo, ou ao menos o populismo ao qual ele dava sequência, será paradoxalmente o horizonte último da Nova República.

Com o processo de impeachment de Collor e sua renúncia (1992), parecia que a ascensão da esquerda ao poder era inevitável. Dois anos depois da eleição, a população se unia para seu afastamento. Mas eis que o modelo de conciliação da Nova República falou mais alto, e a aliança PMDB/PFL, que levou Sarney ao poder, reencarnava-se agora na figura de Fernando Henrique Cardoso, com sua esquizofrenia crônica capaz de misturar discursos aprendidos no Seminário Marx com práticas neoliberais e alianças com Antônio Carlos Magalhães e Jorge Bornhausen.

Era cômico ver citações de Gramsci e Hegel serem por ele utilizadas para justificar a miséria política da Nova República, mas, bem, desde *Memórias póstumas de Brás Cubas* qualquer observador da realidade nacional sabe que amansar contradições, transformando-as em uma informidade sem gosto, é nossa especialidade. Para um país que tivera liberais escravocratas, não era realmente surpreendente se deparar com alguém que dizia ser Marx o melhor intérprete do capitalismo enquanto alegremente empurrava seu país para as mais predatórias políticas neoliberais.

De fato, a ascensão do PSDB ao poder representou o abandono de um momento de ensaio de políticas econômicas heterodoxas que se demonstraram incapazes de impor sua dinâmica em governos, como o de Sarney, que nunca estiveram de fato engajados nos conflitos que uma visão neokeynesiana representaria para os interesses de elite financeira brasileira. A experiência inflacionária dos anos 1980 legitimou o PSDB a impor ao país um programa de ajustes (o Plano Real) que o preparou para ser um entreposto de valorização do capital internacional através de uma política de choque internacionalmente utilizada. Esta se baseava em uma abertura comercial e financeira, o que impediu o Brasil de criar qualquer forma de lei para conter a circulação de capital especulativo, além de privatizações generalizadas cujo dinheiro foi, em larga medida, gasto para conter ataques especulativo. Há uma certa ironia em lembrar como as privatizações foram inicialmente vendidas à população como um esforço por capitalizar o Estado para investir nos setores sociais, isto em um governo que, ao final, entregou ao país universidades sem dinheiro para pagar contas de luz.

Tais políticas eram, ainda, seguidas por taxas de juros, entre as mais altas do mundo, que destruiriam de vez o parque industrial brasileiro e transfeririam renda do Estado para o setor financeiro nacional, assim como uma política fiscal (via Lei de Responsabilidade Fiscal) que estabelecia uma hierarquia nos gastos públicos, dando ao pagamento dos credores financeiros predominância sobre investimentos públicos, algo que chegou ao seu paroxismos na lei de 2016 de congelamento dos gastos públicos para garantir o pagamento de juros e serviços da dívida pública.[25] Neste sentido, não será estranho descobrir que, de 1995 a 2004, a participação dos salários na renda nacional caiu 9% enquanto a participação das rendas de propriedade subiu 12,3%.[26]

O resultado da era FHC não poderia ser mais claro: além de mares de lama periódicos, escândalos de corrupção que explodiam a todo momento, compras de votos e financiadores de campanha se transformando em beneficiários de privatizações, o Brasil viu-se diante de racionamento e apagão, desindustrialização, dependência em relação ao Fundo Monetário Internacional (um dos maiores empréstimos fornecidos pelo FMI fora para o Brasil), desigualdade persistente e crescimento pífio. Tudo isto forneceu as bases para o cenário dos últimos anos do governo FHC, que, não por acaso, fizeram dele uma das figuras mais impopulares da política nacional durante um bom tempo, mesmo a despeito do esforço propagandístico da imprensa brasileira em fornecer uma imagem mais positiva.

---

[25] Ver SANTOS, Fábio Luis. *Além do PT: a crise da esquerda brasileira em perspectiva latino-americana.* São Paulo: Elefante, 2016; e, principalmente, PAULANI, Leda. *Brasil delivery.* São Paulo: Boitempo, 2008.

[26] Ver POCHMANN, Marcio. *Nova classe média? O trabalho na base da pirâmide social brasileira.* São Paulo: Boitempo, 2012.

Eliminado Brizola, eliminado o tucanato, sobrava o PT. Uma análise mais honesta mostraria que a última coisa a se fazer seria procurar reeditar mais uma rodada da política conciliatória da Nova República. O final não seria diferente daquele que tragou o governo FHC, só que muito mais brutal e dramático. O caminho indica, desde o início, que seria preciso modificar a estrutura política brasileira, combatendo a relação promíscua entre capital, empresariado e casta política, e fortalecer mecanismos de democracia direta, reformando a função do Congresso como caixa de ressonância dos interesses oligárquicos. O programa mais urgente era uma refundação política da institucionalidade nacional através da transferência paulatina dos processos decisórios e administrativos do Estado brasileiro para a deliberação popular direta, além da decomposição de sua estrutura necropolítica. Isto permitiria mobilizar a força popular para retirar o país do sistema de travas que lhe havia sido imposto pela "redemocratização". Mas a primeira reforma apresentada foi a reforma previdenciária – um modo de mostrar ao mercado que o Brasil "não seria uma Venezuela", que o PT estava lá para ser visto como mais um ator na grande história da conciliação nacional. Desde aquele momento, já anunciado na "Carta ao povo brasileiro" de Lula com seu tom de capitulação geral, a sorte estava lançada. Sobrou espaço apenas para tentar reeditar a lógica nacional-desenvolvimentista, cujo sucesso momentâneo será analisado no próximo capítulo.

Só que, com o PT, a complacência da imprensa e do judiciário com a corrupção do Estado, tão clara nos governos anteriores, não funcionaria da mesma forma. A rendição do PT ao modelo de conciliação nacional e seu pacto de corrupção foi uma armadilha autoconstruída para pegá-lo no primeiro escândalo. E este veio com o mensalão. O modelo do escândalo já dizia tudo: um sistema de financiamento de campanhas construído a partir do mesmo modelo utilizado anteriormente pelo PSDB. Os estrategistas do PT devem ter imaginado que estavam diante de um sistema blindado. Estourá-lo equivaleria a colocar em risco todos os atores da Nova República. Por isto, ele seria deixado ileso.

Sabemos que não foi isso o que aconteceu. Os setores hegemônicos da imprensa brasileira têm um dom de apagar informações, de reconstruir narrativas do dia para a noite que deixaria morto de inveja George Orwell com seu *1984*. Afinal, alguém se esqueceu de que o fato de o próprio presidente do partido de oposição aparecer como o criador do esquema do mensalão (Eduardo Azeredo e seu PSDB) foi simplesmente ignorado por revistas e jornais em campanha declarada contra o governo, como a finada *Veja*? Em qualquer lugar do mundo, a descoberta de que o maior escândalo envolvendo o governo fora a adaptação de um esquema gestado pela própria oposição seria uma notícia bombástica. No Brasil, ela é irrelevante.

Assim, foi por pouco que tudo não acabou entre 2005 e 2006. Salvou o governo o fato de a direita temer, naquele momento, mobilizações populares. Elas ainda eram uma exclusividade da esquerda. Toda tentativa da direita de ir às ruas, como no caso do movimento Cansei, demonstrou-se fraca, mesmo a despeito de doses maciças de auxílio da imprensa, que noticiava como fato maior manifestações de cinquenta pessoas no centro das capitais brasileiras.

Com a reeleição de Lula e sua popularidade consistente, não foram poucos os que acreditaram que a lição tinha sido aprendida, que era hora de enfim escapar do sistema de travas das conciliações da Nova República. Mais uma vez, nada mais falso. A convivência com os arcaísmos da política nacional provocou uma regressão duradoura das práticas políticas de todos. De tanto conviver com a oligarquia, você acaba por se parecer com ela, pensar como ela. Não haveria transformação política alguma.

Lula compensava tudo isso com a crença de que ele era, agora, a reencarnação de Vargas, capaz de operar em um modelo extenso de unificação de interesses. O trabalhismo morto com Brizola ressuscitava pelas mãos de uma esquerda, como a do PT, que, em seu nascedouro, era não trabalhista e crítica do nacional-desenvolvimentismo. Não eram apenas os sonhos do nacional-desenvolvimentismo que se reencarnavam na esquerda, era a crença de que o sistema de conciliação da Nova República expressava, desde sempre, o lugar natural da política brasileira, que a esquerda poderia, no máximo, levar na direção do modelo varguista de grandes alianças, mesmo que não compactuasse com seu militarismo autoritário. Esse era nosso horizonte final. E assim Lula saiu do governo com a maior aprovação da história recente do país.

Na verdade, Lula realizava, enfim, o horizonte da esquerda brasileira, o único horizonte que ela conhece, este que atualmente chamaríamos de "populismo de esquerda". É ele que se esgotará sem que a esquerda nacional tenha se demonstrado capaz de passar para outra fase ou mesmo de imaginar o que poderia ser essa "outra fase". Voltemos a esse ponto. Entende-se por populismo de esquerda um modelo de construção de hegemonia baseado na emergência política do povo contra as oligarquias tradicionais detentoras do poder. Este povo é, na verdade, produzido através da convergência de múltiplas demandas sociais distintas e normalmente reprimidas. Demandas contra a espoliação de setores sociais, contra a opressão racial, contra os legados do colonialismo: todas elas devem convergir em uma figura que seja capaz de representar e vocalizar essa emergência de um novo sujeito político.

No entanto, o caráter nacionalista do populismo permite, também, a inclusão de setores descontentes da oligarquia, de grupos da burguesia nacional dispostos a ter um papel "mais ativo" nas dinâmicas de globalização. Assim, o "povo", neste caso, nasce como uma monstruosa entidade meio burguesia, meio proletariado. Uma mistura de JBS/Friboi com MST. No entanto, este fora o modelo que a esquerda nacional tentara implementar em sua primeira tentativa de governar o Brasil, que termina com o golpe militar contra o governo de João Goulart. Na ocasião, um dos personagens mais lúcidos de então, Carlos Marighella, faz um diagnóstico preciso: a esquerda havia apostado na conciliação com setores da burguesia nacional e com setores "nacionalistas" das forças armadas dentro de governos populistas de esquerda.[27] Ela colocou toda a sua capacidade de mobilização a reboque de

---

[27] Ver MARIGHELLA, Carlos. *Chamamento ao povo brasileiro*. São Paulo: Ubu, 2019.

uma política que parecia impor mudanças seguras e graduais. Ao final, tudo o que ela conseguiu foi estar despreparada para o golpe, sem capacidade alguma de reação efetiva diante dos retrocessos que se seguiriam. A lição de Marighella não foi ouvida. Tanto que a esquerda brasileira cometerá o mesmo erro com o final da ditadura militar e com o advento da Nova República. A história será simplesmente a mesma: o movimento em direção a um jogo de alianças entre demandas sociais e interesses de oligarquias locais descontentes, tendo em vista mudanças "graduais e seguras" que serão varridas do mapa na primeira reação bem articulada da direita nacional. O reformismo "gradual e seguro" mostrou-se expressão da insegurança do despreparo para o acirramento das lutas de classe.

Por outro lado, podia-se perceber que o crescimento provocado pelo lulismo tinha limites claros. Como pretendo mostrar no próximo capítulo, a persistente desigualdade brasileira, a transformação do país em polo de rentabilização do sistema financeiro e o respeito sacrossanto ao patrimonialismo da nossa elite ociosa bloqueavam o desdobramento do crescimento, e nunca foram tocados. Por causa desses bloqueios, as promessas não realizadas de uma sociedade rica e de pleno emprego gerariam uma frustração relativa (como dizia Tocqueville) insuportável. Esta explodiu em 2013 nas mãos de Dilma Rousseff.

Eu teria preferido Robespierre

Faltava, no entanto, um elemento que faria com que o esgotamento do modelo fosse também o desejo irresistível de abandonar os ocupantes do novo condomínio do poder. E neste ponto entra a corrupção. Talvez um dia a esquerda brasileira, ou ao menos aquela que operou no governo entenda que a política é indissociável de julgamentos morais. A razão é relativamente simples: mais do que um embate a respeito da partilha do poder e da riqueza, a política é uma luta a respeito de formas de vida e modos de existência. Ela não é apenas um problema de redistribuição e luta contra a espoliação, mas um problema ligado à possibilidade de criar novas formas de vida. De maneira astuta, o filósofo italiano Giorgio Agamben um dia afirmou: "O verdadeiro problema da esquerda italiana é que eles, no fundo, gostariam de ter a vida que leva Berlusconi". Era sua maneira de dizer: não é possível combater Berlusconi se você não quer recusar radicalmente uma forma de vida baseada na fixação doentia às ideias de propriedade, posse, bens e primado do indivíduo. Uma vida que alguém como Berlusconi representa tão bem. Pois se você se deixa afetar da mesma forma que aqueles contra os quais combate, se você no fundo deseja da mesma forma, então chegará um dia que você fará as mesmas coisas. Este é o verdadeiro sentido de uma bela frase de Pepe Mujica: "O poder não muda as pessoas, ele apenas mostra quem elas realmente são". Assim, em um país como o Brasil, que sempre teve de aturar uma elite rentista e ociosa, que vive de "patrimônios" e é especializada em tomar de assalto o bem público como se fosse posse privado, socializando dívidas e privatizando ganhos, ser revolucionário começava por ter respeito absoluto pelo bem comum.

O mínimo que se pode dizer a este respeito é que a esquerda no poder não entendeu nada desse ponto. Ao invés das políticas de austeridade contra a população pregadas pelo neoliberalismo, ela deveria ter apresentado uma política de governo austero, ou seja, de um governo composto por aqueles dispostos a ter uma absoluta virtude jacobina e um desapego material. Àqueles que acham que algo desta natureza soa como uma pregação religiosa, sugiro a leitura de *Estado e revolução*, de Lenin, a fim de descobrirem o que se fala lá a respeito da corrupção do Estado e de seus funcionários. Não há atenuantes, não há "contextualizações", pois toda e qualquer corrupção é a destruição da noção de bem comum e, ao mesmo tempo, a destruição da possibilidade de falar em nome do bem comum. Ela destrói o *ethos* do enunciador que se quer anunciador do novo. Na política, tão importante quanto o que você fala é qual sua legitimidade.

Entender isto nos economizaria de ouvir aqueles que tratam a corrupção como um "fato social" inerente ao funcionamento do capitalismo, pois, mais do que um fato social, ela tem uma dimensão irredutível de deliberação individual. Fatos sociais têm sua normatividade operando, em larga medida, na inconsciência dos sujeitos. No entanto, ninguém ainda mostrou a possibilidade de alguma forma de corrupção inconsciente, feita à revelia dos próprios sujeitos agentes. Por isso, ao invés de apresentar um discurso vergonhoso e muitas vezes complacente disfarçado de análise sociológica a respeito dos casos sistemáticos de corrupção, valeria mais a pena a dessolidarização absoluta com quem é insensível à austeridade como virtude de governo, e não como discurso moral que agentes econômicos impõe a populações que serão pauperizadas.

■ O ESGOTAMENTO DO LULISMO

Governo popular, ministério reacionário.
Por muito tempo, terá de ser assim.

Getúlio Vargas

ENTRE 2003 E 2014, o Brasil foi o laboratório de um modelo de desenvolvimento socioeconômico que parecia extremamente bem-sucedido não apenas para os propagandistas do governo, mas para toda a imprensa mundial. No entanto, esse modelo se esgotou de forma brutal, em uma reversão de expectativas ocorrida em um prazo extremamente curto de tempo.

Antes de o governo Dilma cair, o modelo, que recebeu a alcunha de "lulismo" já tinha terminado. Já a política econômica do segundo mandato da presidente se movia fora do modelo lulista, atualizando os fundamentos de uma teoria neoliberal do choque de austeridade que será radicalizada por aqueles que lhe tomaram o poder. Mas, em um paradoxo que deveria nos fazer pensar, as figuras políticas que comandaram o desmonte final do lulismo haviam sido, em vários momentos, operadoras centrais do próprio consórcio governista petista. Ou seja, os atores do pós-golpe parlamentar de 2016 não eram outros senão os próprios negociadores do consórcio governista nos governos Lula-Dilma, agora associados aos oposicionistas derrotados nas urnas nas quatro últimas eleições presidenciais. Diante de uma revolta popular contra o poder, eles simplesmente recorrerão à tática milenar de sacrificar o sócio mais novo do consórcio do poder (a saber, o PT) para que pudessem continuar gerindo o Estado como nunca deixaram de fazer.

Essa tática se demonstrará impotente, porque o poder logo migrará para um novo ator, a saber, a extrema-direita de cunho fascista de Jair Bolsonaro. Teremos então dois grupos que tentarão se compor e acabarão em rota de colisão nos últimos anos: a direita oligárquica que articulará o golpe de 2016 e uma extrema-direita popular que tomará a frente do processo a partir da eleição de 2018. É importante lembrar que Bolsonaro não é um representante da direita oligárquica tradicional, mas a expressão de uma longa história do fascismo brasileiro cujas raízes se encontram na Ação Integralista Nacional, com seus quase 1,2 milhões de membros nos anos 1930. Ele marca a ascensão de setores populares vinculados à extrema-direita e até então distantes da gestão dos consórcios do poder. Os conflitos em seu governo serão, principalmente, conflitos entre essas duas matrizes da direita. O que significa que durante todo o período de seu governo, a esquerda brasileira terá uma posição secundária. Ela retornará ao final para compor uma "frente amplíssima" com a direita oligárquica cujo espaço de manobra mostra todos os índices de ser extremamente limitado.

Uma esquerda para governar

Mas retomemos o sentido do movimento de ascensão da esquerda ao governo a partir do seu setor até então mais organizado, a saber, o Partido dos Trabalhadores. Tal retomada nos permitirá compreendermos melhor o sentido dos impasses atuais.

A ascensão do PT ao governo federal se deu por um movimento gradual e contínuo, conquistando gradualmente prefeituras e Estados da federação, ampliando sua bancada de deputados em um movimento sempre ascendente: 8 deputados em 1982, 16 em 1986, 35 em 1990, 49 em 1994, 58 em 1998 e 91 em 2002. Seu candidato a presidente, Luís Inácio Lula da Silva, participou de quatro eleições, sempre aumentando sua quantidade de votos: 16,08% dos votos em 1989, 27,4% em 1994, 31,7% em 1998 e 46,44% em 2002 – números do primeiro turno.

Este movimento ascendente contínuo expressou a consolidação do setor mais organizado e permeável a movimentos sociais da esquerda brasileira como alternativa de governo. Mas se colocar como alternativa de governo implicou, ao menos neste caso, moderar pouco a pouco as promessas de ruptura institucional. Por não ser o resultado de um impulso de transformação capitaneado pela ascensão fulgurante de uma personalidade carismática (como vemos no caso venezuelano, com Hugo Chávez, ou no equatoriano, com Rafael Correa), a esquerda brasileira pôde experimentar-se nos governos locais durante tempo suficiente para moderar suas aspirações e operar uma transformação importante. De uma frente de grupos que ia da esquerda trotskista a liberais de esquerda, de sindicalistas à esquerda católica e a intelectuais, o PT chegou à eleição de 2002 como um partido muito próximo da social-democracia europeia.

Isto não estava claro para muitos que ainda tinham do PT a imagem de um partido que prometia romper com o FMI, reverter todas as privatizações e implementar conselhos populares para a discussão do orçamento. Mas as primeiras medidas econômicas, todas de cunho liberal, como a reforma da previdência e o aumento do superávit primário, indicavam um governo de continuidade com relação às políticas econômicas, embora com mais sensibilidade social e intervencionismo econômico do que seus antecessores. A tal modelo, cientistas políticos como André Singer chamaram de "reformismo fraco",[28] ou seja, baseado em reformas pontuais da estrutura social sem quebra da ordem institucional vigente. Soma-se a isso do fato de, diferentemente de outros países latino-americanos que passaram por governos de esquerda, o Brasil não ter reformado sua Constituição nem mudado as regras dos processos eleitorais (como Venezuela, Equador, Bolívia). Da mesma forma, não quebrou contratos (como a Argentina) nem impôs restrições à circulação de capitais.

Tal reformismo parecia a expressão mais bem-acabada da crença na capacidade da esquerda brasileira em "civilizar" o capitalismo nacional. Crença essa que será partilhada por vários grupos de esquerda que ocuparão provisoriamente governos na América Latina e na Europa.

---

[28] Ver SINGER, André. *Os sentidos do lulismo*. São Paulo: Companhia das Letras, 2008.

Como, por exemplo, não lembrar do Syriza grego e de seu primeiro Ministro da economia, Yannis Varoufakis, defendendo a possibilidade de "salvar o capitalismo europeu de si mesmo"?[29]

Apesar disso, ao final do governo do segundo mandato de Lula, em 2010, o Brasil conhecera um forte processo de ascensão social e de fortalecimento de seu mercado interno. Segundo o Instituto Data Popular, 42 milhões de pessoas entrarão na chamada "nova classe média" até 2013. O salário mínimo foi elevado a 50% acima da inflação, o crédito passou de 25% para 45% do PIB, a economia brasileira apareceu como a sexta do mundo, deixando para trás (por um momento) a Grã-Bretanha. Quatorze novas universidades federais foram inauguradas, e mais de 7 mil concursos públicos para professores universitários foram realizados. Todos lembrarão da maneira como o modelo brasileiro era saudado pela imprensa mundial como uma das mais eficazes invenções de gestão social das últimas décadas, capaz de conjugar respeito aos princípios da economia liberal, crescimento e inserção social.

Revendo tais números atualmente, é o caso de se perguntar onde e como esse processo quebrou. Ou talvez devêssemos nos perguntar se ele podia, de fato, perdurar por muito tempo. Que tipo de contradição interna ele mobilizava, qual era sua fragilidade estrutural? Seria bom

---

[29] Ver WESTON, Fred. Varoufakis' mission "to save European capitalism from itself". *Socialist Appeal,* 25 mar. 2015. Disponível em: https://bit.ly/3oyydJg. Acesso em: 07 fev. 2022.

levantar essa discussão para sabermos se, afinal, algo seme-lhante poderia ser reeditado ou se seu destino era mesmo o colapso.[30] Pois atualmente vemos a pletora de economistas e simpatizantes liberais clamarem pelos gastos excessivos do Estado, o "estatismo", a "irresponsabilidade fiscal" como causa da crise atual do modelo. É interessante observar como eles falam sempre a mesma coisa em qualquer lugar do mundo, independentemente do país e da realidade local. Será o mesmo discurso na Grécia, na Islândia, na Letônia, na Espanha. Tal repetição mostra, na verdade, como essa "análise" é apenas um mantra ideológico tocado para es-conder processos reais, nada mais que isto. Vejamos onde tais processos, de fato, estão.

O tripé do lulismo

Tentemos inicialmente descrever o sistema de acordos que produziu o lulismo. No campo econômico, ele consistiu na transformação do Estado em indutor de processos de ascensão através da consolidação de sistemas de proteção social, de aumento real do salário mínimo e de incentivo ao consumo – graças a políticas como a criação do crédito consignado e do Bolsa-Família. Tais ações demonstraram-se fundamentais para o aquecimento do mercado interno com a consequente consolidação, por um momento, de um nível de quase pleno emprego. A esse respeito, lembremos que

---

[30] A esse respeito, ver principalmente FELDMANN, Daniel; SAN-TOS, Fábio. *O médico e monstro: uma leitura do progressismo latino-americano*. São Paulo: Elefante, 2021.

a taxa de desemprego chegou a ser de 4,6% em dezembro de 2012, a menor da série histórica.

Na outra ponta do processo, o governo Lula se auto-compreendia como estimulador da reconstrução do empresariado nacional em seus desejos de globalização. Para tanto, a função de bancos públicos de investimentos, como o Banco Nacional de Desenvolvimento Econômico e Social (BNDES), enquanto grandes financiadores do capitalismo nacional consolidou-se de vez, além de o Estado brasileiro tornar-se "parceiro" de empresas nacionais em via de globalização, em especial na América Latina. Desta forma, o lulismo representou o projeto de um verdadeiro capitalismo de Estado brasileiro, retomando um modelo protokeynesiano em vigor no Brasil dos anos 1950 e 1960 sob o nome de "nacional-desenvolvimentismo". Nesse modelo, o Estado aparece como principal investidor da economia, transformando-se em parceiro de grupos privados e orientando o desenvolvimento através de grandes projetos de infraestrutura. O Brasil conseguiu chegar em 2017 como um país onde, por exemplo, dois dos principais bancos de varejo eram públicos, onde as duas maiores empresas eram estatais (Petrobrás, BR Distribuidora), sendo que a terceira maior era uma companhia de mineração privatizada (Vale), mas com grande participação estatal via fundos públicos de pensão. Não são muitos os países entre os G20 que têm configuração semelhante.

Sendo assim, podemos dizer que a expectativa produzida por essa nova versão do capitalismo brasileiro de Estado baseava-se, por um lado, no fortalecimento do mercado interno por meio da introdução de massas de cidadãos pobres no universo de consumo. Ou seja, de uma integração da população através da ampliação da capacidade de consumo. Por outro lado, baseava-se na associação entre Estado e burguesia nacional, por meio da qual o governo esperava consolidar uma geração de empresas capazes de se transformar em multinacionais brasileiras com forte competitividade no mercado internacional.

No campo político, o acordo produzido pelo lulismo baseou-se na transformação de grandes alianças heteróclitas em única condição possível de "governabilidade", retirando da pauta dos debates políticos toda e qualquer modificação estrutural nos modos de gestão do poder. Este é um ponto central. A ilusão fundamental do lulismo consistiu em acreditar que seria possível a conservação no poder através da mera gestão do processo de ascensão social. No entanto, a eliminação da tarefa de transformação da institucionalidade política brasileira significava a conservação de núcleos de poder e modelos de negociação que não apenas paralisariam o governo, mas preservariam a estrutura oligárquica do Congresso Nacional, do Poder Judiciário, assim como preservaria a capacidade de intervenção dos setores econômicos no processo político.

Como disse anteriormente, o lulismo acreditou superar tal problema repetindo um modo de gestão de conflitos políticos que encontra suas raízes brasileiras na era Vargas. Lula aprimorou tal modelo ao governar através da transposição dos conflitos entre setores da sociedade civil para o interior do Estado. Sua estratégia consistia em integrar ao Estado todos os atores que potencialmente poderiam representar conflitos sociais complexos. Assim, durante o governo Lula, o conflito entre economistas monetaristas e desenvolvimentistas encontrou guarida nas disputas entre o Banco Central e o Ministério da Fazenda. A luta entre agronegócio e ecologistas incrustou-se nos embates entre o Ministério da Agricultura e o Ministério do Meio Ambiente. Do mesmo modo, as querelas entre os militares e os defensores dos direitos humanos foram expressas na colisão entre o Ministério da Defesa e a Secretaria Nacional de Direitos Humanos.

O que seria, em situações normais, sintoma de esquizofrenia política foi visto como astúcia suprema, graças à posição de Lula como "mediador universal", um presidente capaz de ser reconhecido por todas as partes em conflito como alguém que estava do seu lado. Isto deu ao governo uma oportunidade momentânea de "ganhar em todos os tabuleiros", fazendo-se, ao mesmo tempo, governo e sua própria oposição. Um exemplo paradigmático disso foi a visita do antigo presidente americano George W. Bush ao Brasil. Ao ser recebido no Palácio do Alvorada, Bush pronunciou um discurso no qual tecia fortes elogios a Lula, descrevendo o Brasil como o mais importante parceiro dos Estados Unidos na região. Enquanto isso, grandes manifestações ocorriam nas ruas contra a presença de Bush, organizadas pelo partido... do presidente Lula. A alguns, Lula fornecia a ação; a outros, fornecia o discurso e a promessa de que, "assim que a correlação de forças permitisse", decisões diferentes seriam tomadas.

Em quatorze anos de governo de esquerda no Brasil, não houve um passo sequer em relação à constituição de mecanismos de democracia direta, a não ser a proliferação de conselhos consultivos sem poder deliberativo e vinculante algum. Ou seja, meros espaços formais de gestão de um simbolismo vazio de efetividade. O preço do fato de a esquerda abandonar a pauta central da transformação dos regimes de governabilidade, abraçando o discurso do "respeito à estabilidade democrática", uma *estabilidade na desagregação* – ou seja, o preço de pura e simplesmente abandonar a política para se dedicar à gestão – seria a morte. Como os detentores dos aparelhos de produção, assim como seus representantes no interior da gestão do Estado permaneceram intocados, eles se aproveitariam da primeira instabilidade estrutural para colocar o modelo abaixo.

O esgotamos do tripé

De fato, eis que veio aquilo a que Tocqueville chamou um dia de "frustração relativa". O conceito tentava explicar porque as revoltas populares e revoluções, muitas vezes, não são feitas pelos mais desfavorecidos, mas por grupos que esperavam mais do que conseguiram. Ou seja, há uma tensão que impulsiona a ação de certas revoltas, tensão esta entre a satisfação esperada e a satisfação realmente conseguida. Isto talvez explique porque Tocqueville afirma que "O regime que uma revolução destrói tem um valor quase sempre melhor que o do regime imediatamente anterior, e a experiência ensina que o momento mais perigoso para um mau governo é comumente aquele em que ele começa a se reformar".[31] Neste sentido, poderíamos utilizar tal

---

[31] TOCQUEVILLE, Alexis. *L'ancien régime et la révolution.* In: *Oeuvres Complètes, Tome II.* Paris: Gallimard, 1953, p. 223.

raciocínio e dizer que o governo Dilma não foi capaz de realizar as expectativas de desenvolvimento social produzidas por Lula, criando uma profunda frustração relativa. Mas, mesmo que isto seja verdade, fica a questão de saber de onde viria tal incapacidade e o que exatamente se esperava desse segundo momento da esquerda brasileira no poder. No plano econômico, tudo se passou como se o governo acreditasse que a continuidade bastasse. Dilma acreditava poder ser uma espécie de "Brejnev do lulismo", simplesmente gerenciando a inércia. Já a composição do ministério de seu primeiro governo era um sintoma claro: a ausência de formuladores de política, a inexistência de horizonte de aprofundamento de reformas. Sua tentativa de enquadrar o sistema financeiro através da redução dos *spreads* bancários se demonstrará pífia, sua política de desoneração tendo em vista acender o "espírito animal" do empresariado nacional se mostrará não apenas ineficaz, mas nociva ao Estado brasileiro devido a sua perda de receitas.

Por outro lado, a despeito dos avanços ligados à ascensão social de uma nova classe média, o Brasil continuava um país de níveis brutais de desigualdade. Na verdade, *o lulismo não representou uma política de combate à desigualdade, mas uma política de capitalização dos pobres*, o que é algo totalmente diferente. A posição brasileira no índice Gini, que mede a desigualdade, era clara. Em 2013, havíamos enfim chegado ao nível de 52,9 (quanto mais próximo de 0, menos desigual). Mas este era o mesmo nível que o Brasil tinha em 1960. Ou seja, tudo o que havíamos conseguido fora retomar o nível de desigualdade de 1960, continuando mais desigual do que países como Índia, China, Rússia,

Argentina, México e Peru, o que dá a verdadeira dimensão do movimento feito nessas últimas décadas.

De fato, é preciso lembrar de que os rendimentos do setor mais rico da população brasileira, com sua característica patrimonialista e rentista, não só continuaram intocados como conservaram seu ritmo de crescimento. Isso criou problemas típicos de países emergentes de rápido crescimento, como Rússia, Angola etc. Como uma larga parcela da nova riqueza circula pelas mãos de um grupo bastante restrito com demandas de consumo cada vez mais ostentatórias, como o governo fora incapaz de modificar tal situação através de uma rigorosa política de impostos sobre a renda (como impostos sobre grandes fortunas, sobre consumo conspícuo, sobre herança etc.), criou-se um quadro no qual a parcela mais rica da população pressiona o custo de vida para cima. Não por acaso, entre as cidades mais caras do mundo estavam Luanda, Moscou e São Paulo. Basta lembrar, por exemplo, como o preço dos imóveis brasileiros triplicou no período entre 2004 e 2013, o que não deveria nos impressionar, já que a especulação imobiliária é o investimento preferido de elites patrimonialistas ociosas.

Acrescentava-se a isso o fato de os salários brasileiros continuarem baixos e sem previsão de grandes modificações. Como mostrou Ruy Braga, a remuneração de 93% dos novos empregos criados entre 2005 e 2015 chegava até um salário mínimo e meio. Em 2014, 97,5% dos empregos criados estava nesta faixa. Ou seja, não deveríamos nos deixar enganar pelo fato de os membros da "nova classe média" terem iniciado seu acesso ao consumo. Eles continuavam a ser trabalhadores pobres, generalizando o fenômeno bem descrito como "produção do precariado".[32] Uma alternativa para a melhoria da renda das famílias seria a redução dos itens que deviam ser pagos por salários, graças à criação de serviços sociais públicos e gratuitos. Mas uma família da "nova classe média" brasileira devia gastar quase metade de seus rendimentos com educação e saúde privada, além de transporte público de péssima qualidade. As famílias que passaram a fazer parte da nova classe média precisaram começar a pagar por educação e saúde, a fim de escapar dos péssimos serviços do Estado e garantir a continuidade da ascensão social para seus filhos. Por esta e não por outra razão, uma das bandeiras fundamentais das manifestações de junho fora exatamente a inexistência de bons serviços públicos de educação, saúde e transporte. "Queremos escolas padrão Fifa", foi o que ouvimos nas ruas brasileiras.

No entanto, esse era o verdadeiro limite do modelo lulista. Não se tratava apenas de um limite relacionado à justiça distributiva, mas de um verdadeiro problema do modelo econômico. Por ter praticamente metade de seu salário corroído por gastos em educação, saúde e transporte, a nova classe média precisava limitar seu consumo, recorrendo muitas vezes ao endividamento. O endividamento das famílias brasileiras em 2015 era de 45%. Em 2005, era de 18%. Por outro lado, o dinheiro gasto em educação e saúde não volta para a economia, mas apenas

---

[32] Ver BRAGA, Ruy. *A política do precariado: do populismo à hegemonia lulista*. São Paulo: Boitempo, 2012.

alimenta a concentração de renda na mão de empresários de um setor que paga mal seus funcionários e tem baixo índice de investimento. Empresários que preferem aplicar no mercado financeiro do país, com suas taxas de juros entre as mais altas do mundo. Contudo, podemos dizer que a constituição de um núcleo de serviços públicos era o limite do modelo brasileiro tentado pelo lulismo porque isso só poderia ser feito através de uma reforma fiscal capaz de capitalizar o Estado. Lembremos de que no Brasil a maior alíquota de imposto de renda é de 27,5%, porcentagem menor do que a de países de economia liberal, como os Estados Unidos e a Inglaterra. Ao realizar uma reforma fiscal com aquele objetivo, o governo acabaria acirrando conflitos de classe, o que implicaria quebrar a aliança política que o sustentava. Ou seja, o avanço em políticas de combate à desigualdade inviabilizaria a governabilidade ou, para ser mais claro, *inviabilizaria esta governabilidade que, de toda forma, nunca poderia servir à esquerda brasileira, pois era simplesmente um sistema de gestão da paralisia social.*

Como se não bastasse, a política lulista de financiamento estatal do capitalismo nacional levou ao extremo as tendências monopolistas da economia brasileira. O capitalismo brasileiro se mostrou como um capitalismo monopolista de Estado, onde o Estado era o financiador dos processos de oligopolização e cartelização da economia. Um exemplo pedagógico disso foi a incrível história do setor de frigoríficos. O Brasil era, em 2017, o maior exportador mundial de carne, graças à constituição do conglomerado JBS/Friboi com dinheiro do BNDES. Entretanto, o mercado de frigoríficos era, até pouco tempo, altamente concorrencial, dispondo de vários *players*. Hoje, ele é monopolizado, pois uma empresa comprou todas as demais, utilizando-se de dinheiro do BNDES. Em vez de impedir o processo de concentração de capital, o Estado o estimulou. Com isso, atualmente não há setor da economia (telefonia, aviação, produção de etanol etc.) que não seja controlado por cartéis, o que significa serviços de péssima qualidade, carnes com papelão, ausência de concorrência e baixos índices de inovação.

Sugiro procurar nestes dois fatores uma das causas do baixo crescimento da economia brasileira nos últimos anos do lulismo. Ou seja, economistas pagos regiamente por bancos e consultorias entoam, de maneira infinita, o mantra do alto custo da produção devido a impostos, do alto custo da mão de obra devido aos direitos trabalhistas e da intervenção estatal. No entanto, melhor seria se esses economistas se perguntassem sobre o impacto da desigualdade e dos processos de oligopolização no baixo crescimento brasileiro.

A narrativa do "desastre"

Neste ponto, vale um adendo, pois, dentro da narrativa hegemônica construída para explicar a crise brasileira, encontra-se a tentativa de afirmar que o grande vilão foi o Estado. Conta-se, em todos os meandros dos cadernos de economia dos jornais e na boca de seus analistas, que o primeiro governo Dilma teria "feições estatistas e intervencionistas" responsáveis pelo descalabro final das contas públicas e por orçamentos com previsão de déficit. A crise brutal a partir de 2015 seria, assim, a prova do fracasso gerencial do capitalismo de Estado brasileiro, não restando outra coisa além de aceitar, de vez, a boa e sã cartilha do liberalismo.

Há, no entanto, várias ilusões de ótica nesse raciocínio. Primeiro, chamar o governo Dilma de estatista e intervencionista é dificilmente defensável. Como insisti anteriormente, seu governo privatizou (com o estratagema da "privatização branca" das concessões) aeroportos, rodovias, portos e ferrovias. Ele ainda abriu a exploração do pré-sal para empresas estrangeiras, entregando 60% da maior reserva de petróleo da camada salina para quatro empresas estrangeiras e contrariando, com isto (para variar) promessas de campanha. Acrescente-se ao bolo uma política de desoneração e redução de impostos que produziu uma renúncia fiscal de 327,16 bilhões de reais entre 2011 e 2015. Em outro lugar do mundo, um conjunto de políticas desta natureza dificilmente seria chamado de estatista e intervencionista.

Na verdade, esse debate procura esconder o que realmente entrou em crise a partir de 2015. A dicotomia liberalismo *versus* estatismo, que parece comandar boa parte do nosso debate, é uma falácia. O capitalismo nunca foi liberal. Ele simplesmente oscila em sua história, respondendo a pressões de conflitos sociais e da força de interesses setoriais, sobre como regular e mediar demandas. Nenhum desses economistas com Adam Smith no coração reclamaram de o governo estadunidense, em plena crise de 2008, usar dinheiro público para salvar bancos privados como o Citibank. Também não consta que algum deles tenha reclamado do fato de a Comunidade Europeia despejar dinheiro público em seu combalido sistema financeiro, permitindo que tal dinheiro fosse usado até para pagar *stock-options* de executivos cujo maior feito de suas capacidades gerenciais fora quebrar bancos. O que não é de se estranhar, já que a questão liberal nunca foi "como diminuir o Estado", mas "como privatizar o Estado, colocando-o a serviço dos interesses dos empresariados nacionais ou da classe de financistas".

Nós já vimos isso ocorrer milhares de vezes em terras brasileiras. Basta lembrar de como o "liberal" governo FHC usou dinheiro do contribuinte para salvar bancos falidos através do PROER. Ou, se quisermos ser mais estruturais, basta se perguntar sobre a origem da dívida pública brasileira, cuja parte substancial é resultado da transformação de dívidas privadas de empresas e bancos em dívidas públicas. Quer dizer, no capitalismo, o Estado sempre intervém. A única questão real é: "A favor de quem?".

Neste sentido, mais honesto seria lembrar que o que entrou em crise com o fim do lulismo foi a crença de ser possível "gerenciar" o capitalismo brasileiro com ajustes pontuais que permitiriam recuperar um modelo de "pacto no interior do Estado" entre empresários, sistema financeiro e sindicatos.[33] Modelo este cujas raízes encontram-se no sistema de equilíbrio de moldes getulistas.

---

[33] A este respeito, ver a crítica do progressismo latino-americano presente em SANTOS, Fábio; FELDMANN, Daniel. *O médico e o monstro: uma leitura do progressismo latino-americano e seus opostos.* São Paulo: Elefante, 2021.

Se a bomba explodiu na mão da esquerda nacional, é porque seus setores hegemônicos acreditaram que era seu destino ressuscitar tal modelo. Melhor teria sido escapar da falsa dicotomia entre capitalismo estatista e capitalismo liberal e fazer aquilo que a esquerda brasileira sempre prometeu: recusar em operar no interior da lógica do capitalismo, fortalecendo alternativas de confisco de aparelhos produtivos, práticas de autogestão e pulverização de agentes econômicos.

Acrescente-se a isto, ainda, o fato de o segundo governo Dilma, depois de ter operado uma guinada neoliberal que apenas aprofundou o processo recessivo ao aplicar a política que seus opositores de direita sonhavam, foi alvo de um impressionante terrorismo econômico. O Brasil foi obrigado a conviver com uma sistemática insurreição no Congresso capitaneada por seu então presidente que, através de pautas-bomba, simplesmente sabotou o que restava da economia. No interior desse processo, a crise cresceu em proporções exponenciais. Neste sentido, as análises liberais que lemos hoje são simplesmente desonestas. Elas colocam no esgotamento de um modelo conciliatório (e longe de ser um claro representante de políticas econômicas de esquerda) a conta de um processo multifatorial no qual, além dos equívocos internos do próprio modelo, tivemos o peso de uma destruição política, tendo em vista a aceleração da queda do governo.

O que veio depois foi simplesmente a realização das políticas de desmonte do Estado brasileiro com que os liberais tanto sonharam, mas que nunca seriam capazes de apresentar em um processo eleitoral, pois seriam rechaçados pelos eleitores. Um ano depois da implementação mais brutal de uma política de choque neoliberal que o Brasil conheceu, os números eram claros: 14 milhões de desempregados, 3,6 milhões de pessoas voltando à pobreza apenas no ano de 2017, setores da economia com capacidade ociosa de até 60% e um setor da imprensa nacional tendo alucinações e delírios com uma "retomada" da economia cuja realidade só se fazia sentir em um universo paralelo.

Vale a pena terminar este capítulo lembrando que o esgotamento de um modelo socioeconômico não significa necessariamente seu desaparecimento. A história conhece várias situações nas quais modelos e hegemonias permanecem mesmo que esgotados. Falar de "esgotamento" do lulismo não implica dizer que suas figuras centrais não poderão voltar. Não significa sequer que tal modelo não possa ser repetido mais uma vez. Algo pode se esgotar e continuar a se repetir. Ele se repete esgotado. Neste contexto, "esgotamento" significa que o modelo encontra um limite que lhe aparece como intransponível. Um pouco como um paradigma que se confronta com uma série de problemas que ele não consegue resolver ou que resolve apenas produzindo outros problemas ainda mais profundos. No entanto, tal paradigma pode continuar em operação enquanto outro não emergir, e às vezes isso pode demorar muito tempo.

■ JUNHO DE 2013 E O ESGOTAMENTO DA ESQUERDA BRASILEIRA

Eu vi fermentar pântanos enormes, nassas
Nas quais nos juncos apodrecia todo um Leviatã.

Rimbaud

NADA REFERENTE AO DESTINO e às dificuldades da esquerda brasileira pode ser compreendido sem uma meditação a respeito de junho de 2013. Tais manifestações são certamente o conjunto mais importante de revoltas populares da história brasileira recente, não por aquilo que elas produziram, mas por aquilo que destruíram. A partir delas, foi todo o edifício da Nova República que entrou gradualmente em colapso. Mas, além disto, algo a mais terminou: a primeira parte da longa história da esquerda brasileira chegou ao fim.

Durante décadas, desde a criação do PCB (Partido Comunista Brasileiro) nos anos 1920, a esquerda brasileira procurou governar o país criando uma hegemonia popular. Mesmo com lideranças de forte capacidade de mobilização como Luís Carlos Prestes, o máximo que ela conseguira até a década de 1960 fora compor no interior de um governo de "getulismo de esquerda" que já nascera frágil (o governo João Goulart). Durante toda a ditadura militar, a esquerda brasileira conseguiu se conservar como legatária das promessas de transformação social, chegando ao final da ditadura com vários grupos com capacidade de governo, além de uma clara hegemonia cultural. Com o esgotamento do lulismo, no entanto, eram os últimos atores políticos da Nova República que se viam testados no governo. Os resultados desse teste se mostravam distantes do que fora a expectativa popular. Mas havia uma chance de reorientação, de ruptura da esquerda com seu núcleo governista e de consolidação de uma aliança de outro tipo com setores descontentes. Ela se daria com uma revolta popular de larga escala. Este era o sentido das manifestações de 2013. Uma chance que não foi aproveitada.

Notemos, inicialmente, como tais manifestações já estavam anunciadas. Depois de um número baixo de greves no período de 2003 a 2008, um processo crescente se inicia entre 2010 (445 greves no ano) e 2012 (877 no ano). Ele explode em 2013, ano que conhecerá o maior número de greves desde o fim da ditadura (quando se inicia a série histórica), ou seja, 2.050 greves, sendo 1.106 apenas no setor privado. Tais greves começam já no início do ano, com movimentos de grevistas autônomos em relação a seus sindicatos e centrais, como ocorreu nas greves de garis e bombeiros dos primeiros meses de 2013. Tal fenômeno era sintomático: aderiam a essas manifestações trabalhadores que não reconheciam mais suas "representações" e que procuravam deixar claro sua insatisfação e precariedade. Isto demonstra como as narrativas que procuram vincular 2013 a uma insurreição das classes médias não se sustenta.

Então vieram as manifestações de maio, iniciando-se em Porto Alegre, coordenadas por movimentos autonomistas contrários ao aumento nas tarifas de transporte público. Manifestações contra as condições abusivas dos transportes públicos são uma constante na história brasileira, assim como é constante a reação violenta do braço armado do poder. No entanto, naquele momento estava em marcha um descolamento da enunciação do descontentamento em relação a seus representantes tradicionais, todos eles comprometidos com o consórcio governista e com a gestão de sua paralisia. Daí o movimento de greves espontâneas e a ascensão de estruturas autonomistas. Ou seja, o horizonte social estava marcado, ao mesmo tempo, por uma frustração relativa com a paralisia produzida pelo lulismo e por uma crítica à representação política (incluindo aí partidos, sindicatos, associações, movimentos, meios de comunicação etc.).

Há ainda de se lembrar que, contrariamente ao que alguns acreditam, o Brasil não está fora do mundo. Não é possível entender junho de 2013 sem seu contexto mundial. Lembremos de que os jovens que iniciaram as manifestações em maio foram os mesmos que conduziram os movimentos de ocupação em 2011 em cidades como São Paulo, Rio de Janeiro, Salvador. Movimentos inspirados nos Ocuppy em várias cidades do mundo. Esses movimentos, impulsionados pela primavera árabe, voltaram-se todos contra a associação entre democracia liberal e políticas de espoliação econômica potencializadas a partir da crise de 2008. Eles tiveram, sim, uma dimensão profundamente espontânea em seu início e mostraram duas vias possíveis de consolidação.

Em um primeiro caso, a incorporação política se deu através dos atores mais estruturados no momento da eclosão da revolta e de seu adensamento popular. Foi o caso da Tunísia, com o Emnahda, e do Egito, com a Irmandade muçulmana – grupos islâmicos com forte penetração popular devido à prática de políticas de assistência. Nestes casos, houve um basteamento conservador do movimento que levará tais grupos ao poder. Mas tal processo não será capaz de constituir hegemonia levando, nos dois casos, tais grupos a serem alijados por novas mobilizações populares. Se o Egito entrou em uma via ditatorial, com o retorno dos militares ao poder, a Tunísia conhecerá um processo ainda aberto.

Em um segundo caso, a incorporação política se dará através da constituição imanente de novos modelos de organização e programas. Foi assim, principalmente, na Espanha, com a criação do Podemos! a partir dos Indignados e sua rápida ascensão à condição de terceiro partido nacional, responsável pela gestão de cidades como Madrid e Barcelona. Mas foi algo que ocorreu também nos Estados Unidos, com a candidatura-movimento do socialista Bernie Sanders que abriu uma nova porta à esquerda estadunidense. Uma candidatura impossível de ser compreendida sem o engajamento daqueles que agiram nos diversos movimentos de ocupação nas principais cidades norte-americanas. Esses processos também mostraram seu esgotamento e sua normalização.

No Brasil, o movimento cindiu-se rapidamente em dois. Sua ampliação se deu principalmente a partir de 17 de junho, quando massas de manifestantes saem às ruas como resposta à violência policial que ferira mais de cem pessoas em São Paulo. A partir desse momento, aparecem também grupos ligados a discursos nacionalistas e a uma pauta anticorrupção focada, basicamente, no consórcio governista. Começam lutas internas e brigas nas próprias manifestações entre grupos de esquerda e direita. Era o início de um processo de embate político nas ruas que posteriormente exporá as clivagens ideológicas do país, clivagens estas que muitos gostariam de dizer inexistentes.

Mas no Brasil, contrariamente à Tunísia ou ao Egito, não havia grupo conservador claramente organizado, a não ser os partidos tradicionais (rechaçados pelas manifestações) e setores hegemônicos da imprensa. Tais setores começaram um processo de constituição de hegemonia através de narrativas que procuravam ora caracterizar as manifestações a partir da violência e do "vandalismo", ora construir lideranças fictícias e focar as pautas múltiplas (mais serviços públicos, fim da violência policial, recusa da representação, contra a PEC 37 e as políticas discriminatórias, entre outras) no tópico exclusivo da corrupção. Mas, para que tal processo de organização de um símile de revolta funcionasse, era necessário afastar a população do núcleo originário dos manifestantes. Havia uma quebra de adesão popular a operar para que o setor conservador tomasse a frente, como ele fará finalmente em março de 2015, nas manifestações mais preparadas pela imprensa e mais infladas em números (graças à ajuda da "contabilidade criativa" da polícia) da história da república.

Para quebrar a adesão popular, o cerne da estratégia seria utilizar o braço armado do poder. Ou seja, tratava-se de operar, de forma extensiva, no interior de uma tática de incitação policial da contraviolência dos manifestantes, de infiltração, de prisões arbitrárias (em 2017 ainda havia presos pelas manifestações de 2013[34]) e de lógica de exceção. Como dizia a polícia de Gênova, à ocasião dos confrontos contra manifestantes antiglobalização no início dos anos 2000 e da morte de um manifestante (Carlo Giuliani): "A função da polícia não é a de impor da ordem, mas de gerir a desordem". Ou seja, a função da polícia é gerar e gerir zonas de anomia. Essa frase vale para a realidade brasileira, em especial para o momento pós-junho de 2013. A prática policial, no Brasil inteiro, mostrou desde o início não apenas sua brutalidade e seus traços dignos da ditadura militar, mas a função de produzir desordem e geri-la no interior de uma lógica de desqualificação de demandas, de atores e de produção do medo social. Há de se lembrar que mesmo o governo dito esquerdista e seus aliados não temeram responder à indignação popular com criminalização através da aprovação de uma lei antiterrorista em um país cuja única prática terrorista efetiva até agora foi o terrorismo de

---

[34] Para um relato consistente das prisões de ativistas, ver principalmente MENDES, Igor. *A pequena prisão*. São Paulo: N-1, 2017.

Estado. O objetivo de quebrar o ímpeto de uma revolta que produziu ao menos uma manifestação por dia em cidades brasileiras entre os meses de junho e novembro de 2013 foi alcançado quando manifestantes foram responsabilizados pela morte involuntária de um cinegrafista, no início de 2014.

Mas esta quebra do ímpeto das manifestações de 2013 não seria possível sem a decomposição da esquerda. Ao se confrontar com manifestações sem comando definido, as organizações da esquerda brasileira descobriram subitamente que estavam, pelo menos, quarenta anos atrasadas. Suas estruturas eram profundamente dirigistas, hegemonistas, centralizadas e hierárquicas, sem condição de produzir a incorporação política do processo de revolta. Seu sistema de representação, com seus sindicatos, movimentos, uniões de estudantes havia entrado em um processo de cooptação por aparelhos de governo, o que levou a uma desqualificação de sua legitimidade pelas manifestações e a uma posição esquizofrênica na qual tais instituições tentavam equalizar demandas de manifestações sem se colocar claramente em oposição ao governo. Não por outra razão, 2013 foi inicialmente produzido por movimentos autonomistas e sem vínculo partidário explícito. A força de transformação de 2013 só poderia ser incorporada por movimentos políticos de estrutura aberta e horizontal, imunes à lógica do controle e da adesão inoculada em tantas estruturas de esquerda. Até hoje, nada disso foi tentado no Brasil.

No entanto, ficou evidente também a inoperância da classe intelectual para potencializar a revolta. A grande maioria dos intelectuais brasileiros ficou entre o discurso do choque ("não estamos entendendo nada e será necessário muito tempo para compreender") e o discurso da desqualificação do movimento por não saberem o que fazer diante de um povo que não aceitava mais ser representado e que se voltava contra o próprio "governo do povo". Um povo que se volta contra o governo do povo não poderia ser um povo. Para tais intelectuais, até hoje, 2013 não foi uma revolta popular, mas o início do fascismo brasileiro.

Ficava clara, entretanto, a inadequação de seus esquemas de pensamento diante de processos históricos que operam através da emergência de acontecimentos. Estávamos diante de acontecimentos que irrompiam de forma imprevista em situações aparentemente estabilizadas, normalmente a partir de um ponto específico (aumento dos preços de transportes, aumento de impostos sobre o combustível, etc.), para posteriormente se generalizar como uma revolta estrutural. A partir disso, consolidam-se movimentos que tendem a destituir todos os atores constituídos até então, dando forma a uma soberania pensada como poder destituinte, pois tais acontecimentos não são produzidos no interior de um trabalho de ação política contínua realizado por atores claramente definidos e representáveis. Eles são frutos da acumulação muda de expectativas não realizadas e da tentativa de forçar situações em direção a dinâmicas políticas ainda não constituídas e sem nenhuma garantia de controle. Para quem se acostumou a pensar a partir da lógica do necessitarismo histórico, isto significa andar de cabeça para baixo.

Assim, faltava mais do que uma organização prévia: faltava uma capacidade de criar sujeitos políticos e de produzir organizações com força de implicação genérica a partir de acontecimentos. Para tanto, seria necessário aceitar a emergência de espaços de descontrole, sem cúpula, mas com disciplina de adesão a decisões.

Em vista da paralisia completa do governo diante de tais revoltas e da incapacidade de todo setor da esquerda se constituir como um intérprete qualificado das novas demandas, a direita soube captar o momento, absorvendo de vez um discurso anti-institucional. Pela primeira vez desde 1964, ela voltava às ruas procurando mobilizar a força anti-institucional da política, enquanto a esquerda brasileira havia se transformado no mais novo partido da ordem. Com tal força, a direita, mesmo não ganhando as eleições de 2014, impôs uma dinâmica acelerada de desabamento do governo e de incitação a um golpe parlamentar disfarçado de legalidade, capitaneado por um processo jurídico capaz de práticas criminosas como grampear advogados de réus (o que implica em quebra de todo princípio elementar de defesa dos cidadãos contra o Estado) e divulgar tais grampos em cadeia nacional. Enquanto isso, tudo o que os setores majoritários de esquerda fizeram foi clamar pela legalidade e pela ordem. As cartas tinham se invertido.

Lembremos de um ponto fundamental: a política é indissociável da capacidade de incorporar forças anti-institucionais. Faz parte de certa ilusão liberal partilhada por vários setores do que antes foi chamado de "esquerda" confundir sistematicamente política e gestão. Isto pressupõe aceitar que vivemos em sociedades que já teriam alcançado

123

consenso em relação a seus valores normativos fundamentais e, mais importante, que já teriam alcançado consenso em relação a sua gramática de conflitos sociais. Ou seja, que já teriam definido quais as condições para a regulação de conflitos no interior de um horizonte de "Estado de direito". É fundamental que tal consenso gramatical seja imposto à força, pois é ele que define os limites da política em sua capacidade de transformação. Não há nada mais autoritário do que dizer: "Posso te ouvir, mas desde que você fale minha língua, que compartilhe de meus valores".

Há de se lembrar, pois, de que podemos ter duas formas gerais de conflitos sociais. A primeira refere-se à disputa sobre a aplicação de normas já partilhadas. Por exemplo, podemos admitir a igualdade como valor normativo fundamental e produzir conflitos por entender que tal valor não é aplicado da forma devida, como quando mulheres saem às ruas por compreender que suas condições salariais são um desrespeito ao princípio constitucional de igualdade. Neste caso, operamos no interior de uma gramática social de conflitos aceita por todos os lados do embate.

No entanto, podemos também ter um conflito exatamente a respeito da gramática de conflitos. Podemos dizer que ela define uma forma de regulação social que elimina certas possibilidades de enunciação, que joga na invisibilidade certas formas de sujeitos, que impede a escuta de certas formas de demanda. Não é a falta de comunicação que é o problema. O real problema é a incapacidade de ouvir o que não se submete à estrutura de legitimação e poder que a comunicação impõe.

Neste sentido, só há política lá onde é possível ouvir forças anti-institucionais que colocam em questão os modos institucionalizados de regulação de conflitos. Essas forças podem romper o pacto frágil que sustente a democracia liberal de duas formas: empurrando a experiência social para uma reconfiguração tendo em vista o fortalecimento da soberania popular, a incorporação de um poder popular continuamente reprimido ou produzindo o contrário, ou seja, levando a experiência social a regredir em direção ao esvaziamento da soberania popular e ao fortalecimento de um poder autárquico de comando. Este é o limiar no qual a vida política brasileira se encontra.

■ PARA ALÉM DA MELANCOLIA: EM DIREÇÃO AO GRAU ZERO DA REPRESENTAÇÃO

Por que não introduzir uma desconfiança na desconfiança
E não temer que o medo de errar já seja o próprio erro?
[...] pois o assim chamado medo do erro
é, antes, medo da verdade.

Hegel

O ESGOTAMENTO DA ESQUERDA BRASILEIRA depois do colapso do lulismo é algo a ser encarado de frente. Esse esgotamento pode se desdobrar mesmo através de um "retorno" periódico de suas figuras centrais, ou de seus representantes, como ocorrera com o peronismo argentino. No entanto, ele pode também aparecer como um momento privilegiado para uma inflexão em direção a práticas políticas mais condizentes com o tamanho das lutas e desafios que temos pela frente. Em um cenário mundial no qual as ilusões das conciliações da democracia liberal foram desfeitas e onde a política tende a ir para os extremos, cabe à esquerda não temer recuperar sua radicalidade.

Para tanto, antes de qualquer discussão a respeito de práticas de governo, faz-se necessária uma análise de psicologia social, pois em situações como esta é fácil percebermos sujeitos e forças políticas em posição melancólica, como se estivessem paralisados pela perda de um objeto cujo luto parece ser impossível. Freud descrevera muito bem a melancolia como "amor por objetos perdidos". Este amor internaliza tais objetos, transformando investimentos de objetos em identificações e, com isto, levando tais objetos internalizados a jogarem uma sombra sobre o Eu, paralisando-o através de autorreprimendas ("Como deixei o objeto ser perdido?") ou de reversões do amor pelo objeto em ódio pelo mesmo. Nos dois casos, temos apenas fixação e, no máximo, ressentimento.

Ora, é certo que o poder age em nós utilizando-se dessa lógica da melancolia.[35] Ele gere a experiência da fixação em um objeto perdido, impede que o luto seja feito, alimenta nossas dinâmicas de ressentimento e a crença em nossa própria impotência, pois os modos de coerção do poder não são apenas externos e físicos: eles são, principalmente, psíquicos. Trata-se, sobretudo, de paralisar a imaginação, de levar sujeitos a desconfiarem de sua própria força, aderindo ao poder não por convicção, mas por mera impotência. Uma experiência de impotência que deixa sujeitos vulneráveis a figuras de autoridade que promete cuidado e amparo, que rompe, por isto, toda instauração possível

---

[35] Para uma análise das relações entre melancolia e poder, ver BUTLER, Judith. *The Psychic Life of Power*. New York: Fordham Press, 1996.

de sujeitos políticos, pois lá onde há demanda de amparo, nunca há política, há apenas a reiteração de estruturas de poder já em operação que encontram, desta forma, uma nova chance de perpetuação.

Por isto, há de se desconfiar desta desconfiança em relação à nossa força e começar por se perguntar se o medo da perda não seria exatamente aquilo que deveria ser perdido. Há de se recusar toda forma de amparo e de cuidado, afirmar nosso desamparo, um desamparo reativo a toda colonização. Um desamparo que é condição inicial da verdadeira criação, pois é afirmação de um desabamento que nos joga para fora das formas de vida que se impuseram a nós de maneira hegemônica.

Neste sentido, lembremos de um ponto central. Do ponto de vista da governabilidade atual, uma das estratégias maiores de gestão da paralisia social é a dissociação entre economia e política. Ela visa alimentar essa ilusão de impotência que nos faz acreditar que as decisões a respeito de nossas vidas são muito complexas para serem geridas por nós mesmos. Tal dissociação parte da defesa de que decisões econômicas não poderiam se submeter ao desejo político da mesma forma que a razão não poderia se submeter aos interesses e crenças. Ao menos é isto que gostariam de nos levar a acreditar. Assim, no que chamamos atualmente de "democracia" as instâncias econômicas exigem "autonomia", ou seja, exigem poder operar a partir de sua própria lógica. O que significa: operar a partir dos interesses de seus próprios atores, como se estivéssemos a lidar com um império no interior do império. É assim, sob a capa de um discurso tecnocrata, que assistimos à reedição de processos de acumulação primitiva, de concentração, de pauperização de camadas cada vez mais extensas da população e de precarização absoluta que visa criar um nível tal de insegurança que deixará todo e qualquer sujeito inadaptado à ordem econômica no limiar da morte social. Uma verdadeira reedição bancária do poder soberano de vida e morte.

Na verdade, temos aqui uma guerra civil contra setores pauperizados, mas guerra travestida de racionalidade econômica, de "remédio amargo porém necessário". E há de se perceber a recorrência estratégica de um discurso de infantilização da crítica, último capítulo de um autoritarismo que só pode se impor através da invisibilidade de toda oposição efetiva. Pois quem crítica tal racionalidade, só poderia ser como uma criança que crê na onipotência do pensamento, incapaz de lidar com o princípio de realidade que ensina que só posso gastar o que ganho, criança que vive em um mundo de fantasias, ao invés de encarar a virtude moral da austeridade.

Nunca a economia apareceu de forma tão evidente como aquilo que ela sempre foi: um modo de gestão social, modo de organização disciplinar das minhas vontades, do meu tempo, das minhas atividades cuja força não vem do que ela seria capaz de realizar, mas do medo que ela é capaz de gerir. Atualmente, o discurso econômico é o principal gestor de nossa melancolia social.

Uma sociedade descontrolada

Contra isto, a esquerda deve compreender que o horizonte de transformações econômicas só pode se ampliar a partir do momento que garantirmos uma esfera de reinvenção política. A economia que conhecemos hoje só pode prosperar porque opera com a corrupção do Estado, com a opacidade das decisões, com a sabotagem contínua da soberania popular. Ela só pode ser superada através da instauração de uma verdadeira democracia direta, algo que ainda não conhecemos. A democracia real é o melhor remédio contra as juntas financeiras que procuram governar nossas vidas e nos acostumar à impotência.

Pois insistamos em um ponto que a esquerda do final do século XX fez questão de esquecer, a saber, a soberania popular não se representa. Um povo livre nunca delega sua soberania para quem quer que seja. Ele a conserva sempre junto a si. Passar sua soberania para outro é perde-la. É como passar minha vontade a um outro e esperar que a vontade de um outro tenha alguma forma de identidade absoluta com a minha vontade. Por isto, uma verdadeira democracia é construída a partir da proliferação de conselhos e assembleias com capacidade de deliberação real. Elas devem ser mais do que um poder de ratificação ou destituição. As estruturas de assembleia devem ser um poder de deliberação, como gostaria de mostrar mais à frente. O povo deve ter as estruturas institucionais que lhe permita continuamente se defender de quem procura lhe usurpar o poder. Ele deve se expressar através do Grau Zero da representação. Desde a experiência da Comuna de Paris e dos soviets, esse modelo de constituição do poder popular demonstrou-se como o verdadeiro horizonte de reinvenção da esquerda. E não será por acaso que ele só se constitui a partir de processos de transformação revolucionária.

Na verdade, esta ideia implica insistir que o Estado deve deixar de ser um espaço de deliberação política para ser um mero espaço de implementação de deliberações que ocorrem em seu exterior. Tais deliberações políticas deixam de se dar no interior do Estado e de seu corpo de gestão para se dar em assembleia popular. Insistiria neste ponto porque nenhum programa de esquerda digno deste nome pode retirar de seu eixo central o fim da representação política. Acreditar que podemos "governar" respeitando os marcos institucionais da governabilidade atual é a pior de todas as ilusões. A "democracia" atual é ingovernável, a não ser através da violência policial e da anestesia cultural.

Insistamos mais neste ponto. Uma das ideias fundamentais da política moderna é a noção de representação. Aprendemos a compreender o espaço político como um espaço de conflitos organizado a partir de uma dinâmica específica de constituição de atores. Esta dinâmica estaria necessariamente ligada aos processos de representação. Assim, só poderiam participar do campo de conflitos políticos aqueles que se submeteram a representação, ou seja, aqueles que representam algo, que falam em nome de um lugar que representam, seja este lugar um grupo, um setor de interesses, um partido, uma associação. Em suma, o pressuposto central aqui é: uma multiplicidade não se apresenta de forma imediata, ela só pode existir como algo representado.

Várias consequências se seguem daí. Por exemplo, dentro desta visão, uma sociedade plural seria aquela que permitiria a emergência de vários representantes e representações ao mesmo tempo. Quanto mais representações diversas, mais plural a sociedade. No entanto, por mais diversas que tais representações sejam elas devem partilhar algumas coisas em comum. Pois a representação tem suas regras, tem seus modos de contagem, tem sua gramática, tem seus acordos. Aceitar sua gramática significa aceitar como as lutas se darão, em qual espaço, como os conflitos serão resolvidos. Neste sentido, existir politicamente é, ao menos para tal forma de pensar, aceitar se submeter a essas regras, modos de contagem, gramáticas e acordos. A esta submissão chamamos normalmente "democracia".

Mas o que aconteceria se abandonássemos a noção de representação? Não são poucos os que clamam o caos completo, a tirania, a desordem e todas as figuras imagináveis da catástrofe. Um pouco como esses cartógrafos medievais que desenhavam o mundo até certo ponto e depois dele colocavam monstros e abismos. Maneira de levar os navegadores a não querer ir mais longe.

No entanto, a representação é hoje um arcaísmo político que visa apenas nos afastar de uma democracia real. Na verdade, quem defende a representação, seja a direita ou seja a esquerda, encontra nela um bom álibi para esconder seus desejos de controle, para filtrar a sociedade construindo uma imagem da emergência popular mais fácil de controlar. Pois definindo as condições de representação, sou capaz de controlar a fronteira entre a existência e a inexistência política. Mas a verdadeira tarefa política hoje não é consolidar mecanismos de controle. É criar uma sociedade descontrolada.

Pensemos um pouco a respeito de dois pontos. Primeiro, temos atualmente todas as condições técnicas para criar uma sociedade de deliberação contínua baseada em uma democracia digital. Em sociedades que tem nível quase total de conexão virtual, não há mais dificuldades técnicas em imaginar processos decididos através de uma espécie de ágora virtual. Desta forma, o Estado pode paulatinamente deixar de ser um Estado cuja função é a deliberação para ser um Estado cuja função central será o reconhecimento e implementação de processos decisórios que se dão no seu exterior. No fundo, algo já acontece desta forma no pensamento liberal, mesmo que de maneira velada. No entanto, a exterioridade do Estado que delibera e o obriga a implementar suas decisões é o mercado: uma instância antipolítica, anti-igualitária e organizada a partir da lógica da concentração e do monopólio. Em uma verdadeira democracia, tal exterioridade é recuperada pela soberania popular direta. Pela soberania destes que não existem apenas sob a condição de proprietários.

Quando falamos isto sempre há os que dizem: mas como passar decisões técnicas sobre orçamento, gastos, etc. para um povo despreparado e desinteressado? Como se nossos políticos fossem a imagem mais acabada do preparo e do conhecimento. No entanto, há de se lembrar que o desinteresse popular é diretamente proporcional à consciência da irrelevância de sua opinião. Ou seja, desinteresso-me porque sei que, no fundo, minha opinião não conta, que nada vai mudar. Quando me percebo de fato investido de poder de decisão e influência, um processo de transformação subjetiva começa a ocorrer. Além do que, a respeito da "ignorância popular", há de se lembrar de Spinoza:

> Não é de se admirar que não exista na plebe nenhuma verdade ou juízo, quando os principais assuntos de

Estado são tratados nas suas costas e ela não faz conjecturas senão a partir das poucas coisas que não podem ser escondidas. Suspender o juízo é, com efeito, uma virtude rara. Querer, portanto, tratar de tudo nas costas dos cidadãos e que eles não façam sobre isso juízos errados e interpretem tudo mal é o cúmulo da estupidez.[36]

Estes que a democracia tecnocrata vê como incapazes de decidir "questões técnicas" são os que tem a inteligência prática necessária para as decisões corretas. Não é um acaso que, na "democracia" atual as decisões sobre políticas de saúde nunca são feitas sem levar em conta a inteligência prática daqueles que estão efetivamente envolvidos nos processos cotidianos (como os enfermeiros, médicos e usuários constantes). As políticas educacionais, por exemplo, nunca são decididas levando em conta professoras, estudantes e aqueles que podem saber o que realmente funciona ou não. Não há nada de democracia em um sistema desta natureza. Democracia efetiva passa pela recuperação da inteligência prática das trabalhadoras e dos trabalhadores contra o jugo da tecnocracia.

Por outro lado, lembremos como durante um bom tempo houve um embate entre dois modelos de democracia: um baseado no sufrágio universal e outro baseado no acaso, quer dizer, baseado na escolha de cidadãs e cidadãos ao acaso para desempenhar funções públicas. Este segundo modelo era muito mais imanente do que o primeiro. Muitos

---

[36] SPINOZA, Bento. *Tratado político*. São Paulo: Martins Fontes, 2009, p. 81.

dizem que antes seria necessário "educar o povo". Como se o povo real ainda não existisse, como se fosse necessário criá-lo. Mas melhor seria se perguntar sobre quem então educará os educadores, como já se perguntava Marx a seu tempo diante de tais ímpetos pedagógicos.

Notemos que, neste contexto, governar não pode aparecer mais como dirigir, muito menos operar na "governabilidade" que nos é imposta como a única possível. Governar aparece como garantir as condições para que os sujeitos dirijam-se a si mesmos.[37] Para tanto, a organização política deve passar por uma mutação. Ele deve tender a uma forte regulação dos processos econômicos até a abolição da sociedade do trabalho, sociedade que submete a atividade humana ao mero processo de valorização do valor. Pois os processos regulatórios não devem visar apenas a limitação da concentração e das estruturas de monopólio. Eles devem liberar a atividade humana da sua colonização pelas formas do trabalho produtor de valor. Isto exige uma outra forma de organização da produção que só pode emergir quando a deliberação política voltar às mãos da imanência da soberania popular. Seria estéril e vão pensar que a imaginação social necessária para tanto nos estará disponível antes da efetivação de nosso desejo de reinstauração da vida política. Tal imaginação é uma consequência da transformação política, e não sua causa.

---

[37] Note-se que se tratam aqui de sujeitos, não de indivíduos. Para esta distinção remeto a SAFATLE, Vladimir. *O circuito dos afetos: corpos políticos, desamparo e o fim do indivíduo*. Belo Horizonte: Autêntica, 2016.

Por outro lado, a organização política deve garantir processos de desinstitucionalização resultantes do retraimento do direito em relação à vida. Uma sociedade realmente democrática não é uma sociedade na qual todas as suas possibilidades estão previamente legisladas e previstas sob a forma do direito. Uma sociedade realmente democrática tende à abolição do direito prescritivo, para que as múltiplas formas de constituição da experiência social, de produção de modos de existência possam se dar de maneira plástica e imprevista. Porém, para que a abolição do direito prescritivo não seja um convite ao fortalecimento da espoliação, a organização política deve acompanhar tal desinstitucionalização das suas estruturas biopolíticas por uma forte regulação das relações econômicas, tendo em vista a garantia da igualdade radical e da liberdade social. Uma sociedade democrática é uma sociedade na qual as formas de laços familiares, afetivos, de modos de existência e de determinação são completamente plásticos, enquanto as relações econômicas são profundamente reguladas até que a atividade humana possa se liberar de sua condição atual de trabalho como produção do valor. Nessa sociedade, a organização política não prescreve, ela reconhece o que a sociedade produz de forma soberana.

Não mais certas perguntas

Neste ponto, não é difícil ouvir o desejo de perguntas como "Mas o que fazer?". Sim, pois tudo o que foi dito se refere a como decisões devem ser tomadas, não sobre o que fazer. Este livro poderia, então, terminar com uma espécie de programa econômico que visasse mostrar a falácia do velho mantra neoliberal de que não há outra saída possível a não ser através de nosso sacrifício no altar da espoliação final. Terminaríamos discutindo como, por exemplo, os números do rombo da previdência são majorados, como seria possível conservá-la através de outras políticas, como a justiça tributária que impõe "sacrifícios" a quem pode pagar (através de impostos sobre grandes fortunas, sobre lucros e dividendos, sobre herança etc.) ou a auditoria e moratória do pagamento dos serviços da dívida pública.

Tais reflexões, inegavelmente, têm sua importância. Mas há outra dimensão do problema que fica normalmente intocada, e ela talvez seja a mais relevante, pois a política não é apenas a abertura a alternativas produzidas por pensamentos estratégicos imersos na análise de situações que exigem ações e reações. Ela é, também, a insistência em coordenar ações a partir da pressão por outros modos de existência. Como dirá Adorno, e isto vale para a política, "a dialética corrompe-se em sofística quando se fixa pragmaticamente no passo mais próximo".[38] Toda traição política começa com o esquecimento de tal insistência, com sua desqualificação como mera "abstração" ou "utopia". No entanto, esta é a dimensão mais concreta da política, pois é daí que ela tira sua força para continuar a ser "política" com seu impulso de luta pelo igualitarismo radical. E é tendo isto em vista que a política se recusa a ser a mera prática degradada de ajustes diante das impossibilidades do presente. Na verdade, e disso

---

[38] ADORNO, Theodor. *Palavras e sinais*. Petrópolis: Vozes, 1995, p. 215.

não podemos nunca nos esquecer, a política é a crença improvável e aparentemente louca de podermos ser outros, de que podemos viver de outra forma. Nada de realmente grande no mundo foi feito sem esta paixão. Há de se deixar para trás o culto à finitude e não temer o que é desmedido em nós.

Nada da força concreta da política retornará a nossas vidas se não formos capazes de escutar a pressão por outros modos de existência. Talvez a boa questão comece por tentar entender por que perdemos a capacidade de escutar tais pressões, o que nos faz achar atualmente que a única forma possível de existência é esta que nos oprime. Ou seja, a boa questão não é "O que fazer?", mas "O que aconteceu com nossa imaginação política para que perguntemos desesperadamente a outros sobre o que fazer?". Por isso, se me permitem, a respeito dessas questões, como dizia Bartleby, eu preferia não. Sim, eu preferia não. Que um poeta fale, então, em nosso lugar:

Você diz:
Nossa causa vai mal.
A escuridão aumenta. As forças diminuem.
Agora, depois que trabalhamos por tanto tempo
Estamos em situação pior que no início.

Mas o inimigo está aí, mais forte do que nunca.
Sua força parece ter crescido. Ficou com aparência de invencível.
Mas nós cometemos erros, não há como negar.
Nosso número se reduz. Nossas palavras de ordem
Estão em desordem. O inimigo

Distorceu muitas de nossas palavras
Até ficarem irreconhecíveis.

Daquilo que dissemos, o que é agora falso:
Tudo ou alguma coisa?
Com quem contamos ainda? Somos o que restou, lançados fora
Da corrente viva? Ficaremos para trás
Por ninguém compreendidos e a ninguém compreendendo?
Precisamos ter sorte?

Isto você pergunta. Não espere
Nenhuma resposta senão a sua.[39]

Esta resposta existe, ela só espera sua fala. Ela espera só mais um esforço.

---

[39] BRECHT, Bertolt. Aos que hesitam. In: *Poemas: 1913-1956*. Tradução de Paulo César Souza. São Paulo: Ed. 32, p. 150.

■ SOBRE O AUTOR

Vladimir Safatle nasceu em 1973, em Santiago do Chile. Formado em Filosofia pela USP e mestre em Filosofia pela mesma universidade, com dissertação sobre o conceito de sujeito descentrado em Lacan, sob a orientação de Bento Prado Júnior, é doutor em Filosofia pela Universidade de Paris VIII, com tese sobre as relações entre Lacan e a dialética, sob a orientação de Alain Badiou. Professor titular do Departamento de Filosofia da USP, onde leciona desde 2003, também é professor do Instituto de Psicologia da mesma universidade e foi professor convidado nas universidades de Paris I, Paris VII, Paris VIII, Paris X, Toulouse (França), Louvain (Bélgica) e Essex (Inglaterra), *visiting scholar* da Universidade de California, Berkeley (EUA), além de *fellow* do Stellenbosch Institute of Advanced Studies (África do Sul), responsável por seminários no Collège International de Philosophie (França) e *fellow* do The New Institute de Hamburgo (Alemanha). Um dos coordenadores do Laboratório de Pesquisas em Teoria Social, Filosofia e Psicanálise (Latesfip/USP), juntamente com Christian Dunker e Nelson da Silva Júnior, é ainda membro do conselho diretivo da International Society of Psychoanalysis and Philosophy.

Com artigos traduzidos para inglês, francês, japonês, espanhol, sueco, norueguês, catalão e alemão, suas publicações versam sobre psicanálise, teoria do reconhecimento, filosofia da música, filosofia francesa contemporânea e reflexão sobre a tradição dialética pós-hegeliana. Seus livros incluem: *A potência das fendas: diálogos sobre música* (N-1, 2021, com Flo Menezes), *Maneiras de transformar mundos: Lacan, política, emancipação* (Autêntica, 2020), *Dar corpo ao impossível: o sentido da dialética a partir de Adorno* (Autêntica, 2019; versão em espanhol), *O circuito dos afetos: corpos político, desamparo e o fim do indivíduo* (Autêntica, 2016; versões em espanhol, em italiano e francês), *Grande Hotel Abismo – para uma reconstrução da teoria do reconhecimento* (Martins Fontes, 2012; versão em inglês), *O dever e seus impasses* (Martins Fontes, 2013), *A esquerda que não teme dizer seu nome* (Três estrelas, 2012; em espanhol), *Cinismo e falência da crítica* (Boitempo, 2008), *Lacan* (Publifolha, 2007; versão atualizada publicada pela Autêntica, 2017) e *A paixão do negativo: Lacan e a dialética* (Unesp, 2006; versão em francês publicado por Georg Olms Verlag, 2010).

Seus próximos trabalhos versarão sobre a atualização da noção de forma crítica a partir da estética musical contemporânea e da reflexão sobre problemas relacionados ao destino das categorias de autonomia, expressão e sublime. O primeiro volume desse trabalho, que deverá conter três volumes, será *Em um com o impulso: experiência estética e emancipação social* (Autêntica, 2022).

Este livro foi composto com tipografia Adobe Garamond Pro
e impresso em papel Off-white 80 g/m² na Formato Artes Gráficas.